儒家经典语句

Confucianism Classic Passages

Translated by Donia Davia Zhang

Chinese Culture Publishing

While every precaution has been taken in the preparation of this book, the publisher assumes no responsibility for errors or omissions, or for damages resulting from the use of the information contained herein.

CONFUCIANISM CLASSIC PASSAGES

First edition. August 6, 2025.

English Translation Copyright © 2025 Donia Davia Zhang.

ISBN: 978-1-7774646-6-0

Translated by Donia Davia Zhang.

Contents

Part 1:	论语（节选）	1
	Confucian Analects (Excerpt)	
Chapter 1:	学而篇	2
	About Learning	
Chapter 2:	为政篇	7
	Ways of Governance	
Chapter 3:	八佾篇	12
	Eight Rows and Columns of Dancers	
Chapter 4:	里仁篇	14
	Reasons for Benevolence	
Chapter 5:	公冶长篇	18
	Gongye Chang	
Chapter 6:	雍也篇	20
	Yongye	
Chapter 7:	述而篇	24
	About Paraphrasing	
Chapter 8:	泰伯篇	29
	Wu Taibo	
Chapter 9:	子罕篇	32
	Confucius as Rarity	
Chapter 10:	乡党篇	37
	Village and Town's Fellow	

Chapter 11:	先进篇	38
	Advancement	
Chapter 12:	颜渊篇	40
	Yan Hui (Yan Yuan)	
Chapter 13:	子路篇	46
	Zilu (Zhong You)	
Chapter 14:	宪问篇	51
	Yuan Xian's Questions	
Chapter 15:	卫灵公篇	57
	Duke Ling of Wei	
Chapter 16:	季氏篇	65
	Ji Shi (Ji Kangzi)	
Chapter 17:	阳货篇	71
	Yang Huo	
Chapter 18:	微子篇	76
	Wei Zi (Wei Ziqi)	
Chapter 19:	子张篇	77
	Zizhang (Zhuansun Shi)	
Chapter 20:	尧曰篇	81
	Yao Yue (Yao Chan)	

Part 2:	中庸（节选）	83
	Doctrine of the Mean (Excerpt)	
Chapter 1:	天命之谓性	84
	One's Inborn Character Is Called Nature	
Chapter 2:	君子中庸	86
	The Virtuous Follow the *Doctrine of the Mean*	
Chapter 3:	中庸其至矣乎	87
	Moderation Is the Highest State	
Chapter 4:	道之不行也，我知之矣	88
	I Know Why the *Doctrine of the Mean* Is Not Practiced	
Chapter 5:	道其不行矣夫	89
	The Most Righteous Way…	
Chapter 6:	舜其大知也与	90
	Shun Was Truly a Man of Great Wisdom	
Chapter 7:	人皆曰"予知"	91
	Everyone Says: "I Am Wise"	
Chapter 8:	子曰：回之为人也	92
	Confucius Said: Yan Hui Chose the *Doctrine of the Mean*	
Chapter 9:	天下国家，可均也	93
	Countries Under Heaven Can Be Well Governed	
Chapter 10:	宽柔以教，不报无道	94
	Teaching Tolerance and Gentleness	
Chapter 11:	君子遵道而行	96
	The Virtuous Follow the *Doctrine of the Mean*	

Chapter 12:	君子之道，费而隐	97
	The Doctrine of the Mean Is Broad and Subtle	
Chapter 13:	道不远人	100
	The Doctrine of the Mean Does Not Keep People Away	
Chapter 14:	君子素其位而行	102
	The Virtuous Are Content with Their Status	
Chapter 15:	君子之道	105
	The Virtuous Practice the *Doctrine of the Mean*	
Chapter 16:	鬼神之为德	106
	The Virtue of the Deities Is Great	
Chapter 17:	大德，必得其位	107
	People with High Virtues Will Certainly Obtain	
Chapter 18:	无忧者，其惟文王乎	108
	Among the Ancient Kings	
Chapter 19:	夫孝者，善继人之志	110
	Filial Children Must Be Good at Inheriting Their Ancestral Behest	
Chapter 20:	人道敏政	111
	To Know How Well Humanity Is Practiced	
Chapter 21:	自诚明，谓之性	123
	Understanding the Truth Naturally from a Sincere Heart	
Chapter 22:	唯天下至诚，为能尽其性	124
	Only the Sincerest People in the World	
Chapter 23:	其次致曲	125
	The Virtuous Can Achieve Sincerity	

Chapter 24:	至诚之道可以前知	126
	After Achieving Perfect Sincerity	
Chapter 25:	诚者自成也	128
	Sincerity Is Improving Oneself	
Chapter 26:	至诚无息	130
	Perfect Sincerity Will Not Stop	
Chapter 27:	大哉圣人之道	134
	The Dao of Sages is Great	
Chapter 28:	非天子不议礼	137
	If One Is Not the Monarch	
Chapter 29:	王天下有三重焉	139
	Governing the World Has Three Important Things	
Chapter 30:	祖述尧舜，宪章文武	142
	Inherit the Traditions of Yao and Shun	
Chapter 31:	唯天下至圣	144
	Only the Ultimate Sages Are Wise Enough	
Chapter 32:	唯天下至诚	147
	Only with Perfect Sincerity to the People in the World	
Chapter 33:	君子之道，暗然而日章	149
	The Virtuous Way is Deeply Hidden	

Part 3:	大学（节选）	**153**
	Great Learning (Excerpt)	
Chapter 1:	大学之道，在明明德	154
	The Purpose of Great Learning Is to Demonstrate Bright Virtue	
Chapter 2:	《康诰》曰：克明德	158
	The Book of Documents' Kang Gao Chapter	
Chapter 3:	汤之《盘铭》曰	159
	Motto Engraved on the Bathtub of King Tang of the Shang Dynasty	
Chapter 4:	为人君，止于仁	160
	Being a Monarch, One Must Be Benevolent	
Chapter 5:	听讼，吾犹人也	161
	When Listening to Lawsuits, I Am the Same as Others	
Chapter 6:	所谓致知在格物者	162
	The So-called "Knowledge Is in the Investigation of Things"	
Chapter 7:	所谓诚其意者	164
	To Make One's Thoughts Sincere Is Not to Deceive Oneself	
Chapter 8:	所谓修身在正其心者	166
	The So-called "Self-cultivation" Is in Correcting One's Mind	
Chapter 9:	所谓齐其家在修其身者	168
	To Manage Family and Clan Well	
Chapter 10:	所谓治国必先齐其家者	170
	To Govern the Country Well	
Chapter 11:	所谓平天下在治其国者	174
	To Pacify the World	

第一部：论语（节选）
Part 1: Confucian Analects (Excerpt)

Introduction

Confucian Analects, or the *Analects of Confucius* (*Lunyu*), comprise selected sayings and edited conversations attributed to Confucius and his disciples. It is one of the classic works of Confucian School compiled by the followers of Confucius in the style of dialogues and quotations, embodying Confucius' political propositions, moral concepts, and educational principles. Together with the *Doctrine of the Mean* (*Zhongyong*), *Great Learning* (*Daxue*), *Mencius* (*Mengzi*), *Classic of Poetry* (*Shi Jing*), *Book of Documents* (*Shang Shu*), *Book of Rites* (*Li Ji*), *Book of Changes* (*Yi Jing*), and *Spring and Autumn Annals* (*Chun Qiu*), they form the "Four Books and Five Classics" (*Si Shu Wu Jing*), which are authoritative Chinese classics on Confucianism written before 300 BCE. Part 1 contains over 280 key passages extracted from the popular edition of the 20 chapters of *Confucian Analects*, grouped and arranged in poetry format by the translator according to their order of appearance and meanings, which have generated fresh and new insight.

论语•第一章•学而篇
Confucian Analects: Chapter 1
About Learning

学而时习之，不亦说乎？

Xué ér shí xí zhī, bú yì yuè hū?

有朋自远方来，不亦乐乎？

Yǒu péng zì yuǎn fāng lái, bú yì lè hū?

人不知而不愠，不亦君子乎？

Rén bù zhī ér bú yùn, bú yì jūn zǐ hū?

Isn't it pleasant to learn knowledge and then review
And practice it at a certain time?
Aren't you happy to have like-minded friends
Coming from far away?
People don't understand me, but I'm not angry,
Am I not a morally educated person?

巧言令色，鲜矣仁！

Qiǎo yán lìng sè, xiān yǐ rén!

吾日三省吾身：为人谋而不忠乎？

Wú rì sān xǐng wú shēn: Wèi rén móu ér bù zhōng hū?

与朋友交而不信乎？

Yǔ péng yǒu jiāo ér bú xìn hū?

传不习乎？

Chuán bù xí hū?

People with flattering words and faces

Rarely have a benevolent heart.

I reflect on myself three times a day:

Do I do my best for others?

Am I sincere and honest to communicate with friends?

Have I reviewed the knowledge taught by the teacher?

道千乘之国，敬事而信，

Dào qiān chéng zhī guó, jìng shì ér xìn,

节用而爱人，使民以时。

Jié yòng ér ài rén, shǐ mín yǐ shí.

To govern a big country

with thousands of military chariots,

One should handle national affairs with care and trust.

Save financial expenditure,

Cherish people's strengths,

And make people abide by the agricultural time.

弟子入则孝，出则弟，

Dì zǐ rù zé xiào, chū zé dì,

谨而信，泛爱众，而亲仁，

Jǐn ér xìn, fàn ài zhòng, ér qīn rén,

行有余力，则以学文。

Xíng yǒu yú lì, zé yǐ xué wén.

Confucian disciples are filial to their parents at home,

Obey their teachers at school,

Be cautious and trustworthy in their words and deeds,

Love the common people,

And be close to those who are benevolent.

If they still have time and energy,

Then study literature and culture.

与朋友交，言而有信。

Yǔ péng yǒu jiāo, yán ér yǒu xìn.

君子不重则不威，学则不固。

Jūn zǐ bú zhòng zé bù wēi, xué zé bú gù.

主忠信，无友不如己者。

Zhǔ zhōng xìn, wú yǒu bù rú jǐ zhě.

With friends, one must keep their promise.

If one is not solemn, they will not have dignity,

Even if they have studied,

Their knowledge will not be solid.

Do things with those based on trust and loyalty,

Do not make friends with those

who are disloyal or untrustworthy.

父在，观其志；

Fù zài, guān qí zhì;

父没，观其行；

Fù méi, guān qí xíng;

三年无改于父之道，

Sān nián wú gǎi yú fù zhī dào,

可谓孝矣。

Kě wèi xiào yǐ.

While one's father is alive, observe their aspirations.
After one's father passes away, observe their behavior.
If they keep following their father's correct principles,
One can be said to be filial.

君子食无求饱，居无求安，

Jūn zǐ shí wú qiú bǎo, jū wú qiú ān,

敏于事而慎于言，就有道而正焉。

Mǐn yú shì ér shèn yú yán, jiù yǒu dào ér zhèng yān.

可谓好学也已。

Kě wèi hào xué yě yǐ.

One does not pursue the fulfillment of food,
Nor the comfort of home.
They do things diligently and speak carefully,
Then be close to virtuous people to correct themselves.
One can be said to be studious.

贫而无谄，富而无骄。

Pín ér wú chǎn, fù ér wú jiāo.

未若贫而乐，富而好礼者也。

Wèi ruò pín ér lè, fù ér hào lǐ zhě yě.

不患人之不已知，患不知人也。

Bú huàn rén zhī bù jǐ zhī, huàn bù zhī rén yě.

Poor but not flattering, rich but not arrogant.

It is not as good as poor but pleasant, rich but polite.

Do not worry that others don't understand you,

Only worry that you don't understand others.

论语·第二章·为政篇
Confucian Analects: Chapter 2
Ways of Governance

为政以德，譬如北辰，居其所而众星共之。

Wéi zhèng yǐ dé, pì rú běi chén, jū qí suǒ ér zhòng xīng gòng zhī.

道之以政，齐之以刑，民免而无耻。

Dào zhī yǐ zhèng, qí zhī yǐ xíng, mín miǎn ér wú chǐ.

道之以德，齐之以礼，有耻且格。

Dào zhī yǐ dé, qí zhī yǐ lǐ, yǒu chǐ qiě gé.

To govern the country with virtue is like the North Star
Surrounded by all the other stars.
To manage the people by force and legal prohibition,
And use criminal law to restrain them,
The people may be freed from crime and punishment,
But they will have no sense of shame.
To guide the people with virtue and regulate their words
And deeds with etiquette,
They will not only have a sense of shame,
But also obey from their hearts.

吾十有五而志于学，

Wú shí yǒu wǔ ér zhì yú xué,

三十而立，四十而不惑，

Sān shí ér lì, sì shí ér bú huò,

五十而知天命，六十而耳顺，
Wǔ shí ér zhī tiān mìng, liù shí ér ěr shùn,
七十而从心所欲，不逾矩。
Qī shí ér cóng xīn suǒ yù, bù yú jǔ.

At 15, I set my mind on learning.
At 30, I established my principles of life.
At 40, I was no longer confused about things.
At 50, I knew my destiny and heaven's arrangement.
At 60, I could listen to and understand all kinds of ideas.
At 70, I could do whatever I wanted
without breaking the rules.

吾与回言终日，不违，如愚。
Wú yǔ huí yán zhōng rì, bù wéi, rú yú.
退而省其私，亦足以发，回也不愚。
Tuì ér xǐng qí sī, yì zú yǐ fā, huí yě bù yú.

I taught Yan Hui all day long,
But he did not raise any question or objection,
who seemed to be dull.
After he went back,
I observed him discussing in private with others,
He was able to exert what I had taught.
Yan Hui was not a fool at all.

视其所以，观其所由，

Shì qí suǒ yǐ, guān qí suǒ yóu,

察其所安，人焉廋哉？

Chá qí suǒ ān, rén yān sōu zāi?

Observing people's behavior,

One should also look at their motives,

Watching what they are comfortable with,

How can they hide from others?

温故而知新，可以为师矣。

Wēn gù ér zhī xīn, kě yǐ wéi shī yǐ.

君子不器。先行其言而后从之。

Jūn zǐ bú qì. Xiān xíng qí yán ér hòu cóng zhī.

Reviewing the knowledge learned,

One gains new insight from it,

And becomes a teacher of it.

The virtuous are not like utensils with only one aim.

They should first practice what they intend to teach,

And then teach others about it.

君子周而不比，小人比而不周。

Jūn zǐ zhōu ér bù bǐ, xiǎo rén bǐ ér bù zhōu.

学而不思则罔，思而不学则殆。

Xué ér bù sī zé wǎng, sī ér bù xué zé dài.

The virtuous befriend in the right way,
But do not collude with each other.
The villainous collude with each other,
But do not befriend in the right way.
Study without thinking, one may be disoriented,
Thinking without studying may be dangerous.

知之为知之，不知为不知，是知也。
Zhī zhī wéi zhī zhī, bù zhī wéi bù zhī, shì zhī yě.

Those who know what they know,
And know what they do not know,
They are wise people.

多闻阙疑，慎言其余，则寡尤；
Duō wén quē yí, shèn yán qí yú, zé guǎ yóu;
多见阙殆，慎行其余，则寡悔。
Duō jiàn quē dài, shèn xíng qí yú, zé guǎ huǐ.
言寡尤，行寡悔，禄在其中矣。
Yán guǎ yóu, xíng guǎ huǐ, lù zài qí zhōng yǐ.

Listen more, put aside doubts,
Speak carefully what one knows,
One makes fewer mistakes.
Read more, lay aside danger,
Do carefully what one truly understands,
One reduces regrets.

Rarely make mistakes in words,
Rarely regret doing the deeds,
One will have good fortune.

举直错诸枉，则民服；
Jǔ zhí cuò zhū wǎng, zé mín fú;
举枉错诸直，则民不服。
Jǔ wǎng cuò zhū zhí, zé mín bù fú.

Promoting virtues above villains,
People will obey the rules.
Promoting villains above virtues,
People will defy the rules.

人而无信，不知其可也。
Rén ér wú xìn, bù zhī qí kě yě.
见义不为，无勇也。
Jiàn yì bù wéi, wú yǒng yě.

If one does not keep their promise,
We do not know what else they can do.
If one refrains from acting
when something bad happens,
This is cowardice.

论语•第三章•八佾篇
Confucian Analects: Chapter 3
Eight Rows and Columns of Dancers

八佾舞于庭，

Bā yì wǔ yú tíng,

是可忍也，孰不可忍也？

Shì kě rěn yě, shú bù kě rěn yě?

人而不仁，如礼何？

Rén ér bù rén, rú lǐ hé?

人而不仁，如乐何？

Rén ér bù rén, rú yuè hé?

If one can order to perform dance and music
in eight rows and columns in the courtyard,
Which only the monarch can demand,
What else can they not do?
If one does not have benevolence,
How can they follow the rituals correctly?
If one does not have benevolence,
How can they follow the music correctly?

君使臣以礼，臣事君以忠。

Jūn shǐ chén yǐ lǐ, chén shì jūn yǐ zhōng.

乐而不淫，哀而不伤。

Lè ér bù yín, āi ér bù shāng.

The monarch should order the ministers with courtesy,

The ministers should serve the monarch with loyalty.

Happy but not ecstatic, sad but not melancholy.

成事不说，遂事不谏，既往不咎。

Chéng shì bù shuō, suì shì bú jiàn, jì wǎng bù jiù.

居上不宽，为礼不敬，吾何以观之哉？

Jū shàng bù kuān, wéi lǐ bú jìng, wú hé yǐ guān zhī zāi?

Not telling the things that are accomplished,

Not promoting the things that are achieved,

Not pursuing the things that have passed.

The monarch does not treat others leniently,

The ministers are not respectful when saluting,

How can I continue to see such things?

论语·第四章·里仁篇
Confucian Analects: Chapter 4
Reasons for Benevolence

里仁为美，择不处仁，焉得知？

Lǐ rén wéi měi, zé bù chǔ rén, yān dé zhī?

仁者安仁，知者利仁。

Rén zhě ān rén, zhī zhě lì rén.

唯仁者能好人，能恶人。

Wéi rén zhě néng hào rén, néng wù én.

苟志于仁矣，无恶也。

Gǒu zhì yú rén yǐ, wú è yě.

It is best to live with benevolent neighbors,
If one lives in a place without benevolence,
How can they be wise?
The benevolent are content with benevolence,
The wise know the benefits of benevolence,
And practice it.
Only the benevolent can love the beloved,
And hate the behated.
If one is determined to be benevolent,
They will not do evil.

富与贵，是人之所欲也；不以其道得之，不处也。

Fù yǔ guì, shì rén zhī suǒ yù yě; bù yǐ qí dào dé zhī, bù chǔ yě.

贫与贱，是人之所恶也；不以其道得之，不去也。

Pín yǔ jiàn, shì rén zhī suǒ wù yě; bù yǐ qí dào dé zhī, bú qù yě.

君子去仁，恶乎成名？

Jūn zǐ qù rén, wū hū chéng míng?

Wealth and nobility are what people desire.

But if getting them by improper means,

One cannot really have them.

Poverty and inferiority are what people despise.

But if ending them by improper means,

It is better not to eliminate them.

If the virtuous abandon benevolence,

How can they be wise?

朝闻道，夕死可矣。

Zhāo wén dào, xī sǐ kě yǐ.

君子怀德，小人怀土；

Jūn zǐ huái dé, xiǎo rén huái tǔ;

君子怀刑，小人怀惠。

Jūn zǐ huái xíng, xiǎo rén huái huì.

放于利而行，多怨。

Fàng yú lì ér xíng, duō yuàn.

Hearing the Dao at dawn,

One would have no regrets even if died at dusk.

The virtuous think about virtue,

The villainous think about property.

The virtuous think about rules,

The villainous think about benefits.

Doing things only for personal gain,

It is bound to have much resentment.

不患无位，患所以立；

Bú huàn wú wèi, huàn suǒ yǐ lì;

不患莫己知，求为可知也。

Bú huàn mò jǐ zhī, qiú wéi kě zhī yě.

Do not worry that you have no official position,

Worry whether you are fit for such a position.

Do not worry that no one knows you,

Make others know about your skills.

君子喻于义，小人喻于利。

Jūn zǐ yù yú yì, xiǎo rén yù yú lì.

见贤思齐焉，见不贤而内自省也。

Jiàn xián sī qí yān, jiàn bù xián ér nèi zì xǐng yě.

The virtuous know righteousness,

The villainous know profit.

When seeing those with virtue and integrity,

Learn and emulate them.

When seeing those without virtue or integrity,

Reflect and correct oneself.

事父母几谏，见志不从，又敬不违，劳而不怨。

Shì fù mǔ jǐ jiàn, jiàn zhì bù cóng, yòu jìng bù wéi, láo ér bú yuàn.

父母在，不远游，游必有方。

Fù mǔ zài, bù yuǎn yóu, yóu bì yǒu fāng.

父母之年，不可不知也。一则以喜，一则以惧。

Fù mǔ zhī nián, bù kě bù zhī yě. Yī zé yǐ xǐ, yī zé yǐ jù.

Serve your parents,

Gently persuade if they did something wrong.

If they do not adopt your opinion,

Respect but not offend them.

Work for your parents without resentment.

Do not stay away from your parents while they are alive.

If you need to go faraway, tell them where you are going.

You must know the age of your parents,

And keep that in mind.

Happy for their longevity but worry about their aging.

君子欲讷于言而敏于行。

Jūn zǐ yù nè yú yán ér mǐn yú xíng.

德不孤，必有邻。

Dé bù gū, bì yǒu lín.

The virtuous are cautious in their words,

But quick in their actions.

The virtuous are not alone,

They must have like-minded neighbors.

论语•第五章•公冶长篇
Confucian Analects: Chapter 5
Gongye Chang

道不行，乘桴浮于海。

Dào bù xíng, chéng fú fú yú hǎi.

朽木不可雕也，粪土之墙不可圬也。

Xiǔ mù bù kě diāo yě, fèn tǔ zhī qiáng bù kě wū yě.

今吾于人也，听其言而观其行。

Jīn wú yú rén yě, tīng qí yán ér guān qí xíng.

If my theory does not work, I will go overseas on a raft.

The rotten wood cannot be carved,

The walls of rotten grass and mud cannot be painted.

Today my attitude toward people is to

Listen to their words but observe their actions.

敏而好学，不耻下问，是以谓之文也。

Mǐn ér hào xué, bù chǐ xià wèn, shì yǐ wèi zhī wén yě.

季文子三思而后行，子闻之曰："再斯可矣。"

Jì wénzǐ sān sī ér hòu xíng, zǐ wén zhī yuē: "Zài sī kě yǐ."

An intelligent person who is eager to learn

And who is unashamed to ask questions to someone

Lower in status and less educated than themself,

This person was given the posthumous title:

"Wen" ["Cultured"].
Ji Wenzi always thought thrice before action,
Confucius heard this and said:
"It is enough to think twice."

巧言、令色、足恭，左丘明耻之，丘亦耻之。

Qiǎo yán, lìng sè, zú gōng, zuǒ qiū míng chǐ zhī, qiū yì chǐ zhī.

匿怨而友其人，左丘明耻之，丘亦耻之。

Nì yuàn ér yǒu qí rén, zuǒ qiū míng chǐ zhī, qiū yì chǐ zhī.

老者安之，朋友信之，少者怀之。

Lǎo zhě ān zhī, péng yǒu xìn zhī, shào zhě huái zhī.

Flattery, hypocrisy, and approaching others
with an excessively polite manner,
Zuo Qiuming thought this kind of person was shameful,
Me too.
Hiding resentment in their heart,
And pretending to be friendly on their face,
Zuo Qiuming thought this kind of person was shameful,
Me too.
Make the elderly happy, friends trustworthy,
And the young cared for.

论语·第六章·雍也篇
Confucian Analects: Chapter 6 Yongye

有颜回者好学，不迁怒，不贰过。
Yǒu yán huí zhě hào xué, bù qiān nù, bú èr guò.
一箪食，一瓢饮，在陋巷，
Yì dān shí, yì piáo yǐn, zài lòu xiàng,
人不堪其忧，回也不改其乐。
Rén bù kān qí yōu, huí yě bù gǎi qí lè.
贤哉，回也！
Xián zāi, huí yě!

There was a disciple called Yan Hui
who was most eager to learn.
He did not get angry with others,
Nor repeat the same mistakes.
A basket of rice, a scoop of water,
And living in a shabby alley,
No one else could endure such poverty,
Yet Yan Hui did not change his joy of learning.
How noble was Yan Hui's quality!

谁能出不由户？何莫由斯道也？
Shuí néng chū bù yóu hù? Hé mò yóu sī dào yě?

质胜文则野，文胜质则史。

Zhì shèng wén zé yě, wén shèng zhì zé shǐ.

文质彬彬，然后君子。

Wén zhì bīn bīn, rán hòu jūn zǐ.

Who can leave a house without exiting the gate?

Why hasn't anyone walked this way?

If simplicity exceeds refinement,

The writing may seem unsophisticated.

If refinement exceeds simplicity,

The writing may appear insincere.

Only when simplicity and refinement are balanced,

Can a writer be virtuous.

人之生也直，罔之生也幸而免。

Rén zhī shēng yě zhí, wǎng zhī shēng yě xìng ér miǎn.

知之者不如好之者，好之者不如乐之者。

Zhī zhī zhě bù rú hào zhī zhě, hào zhī zhě bù rú lè zhī zhě.

One can survive in this world,

Because of their righteousness.

Unrighteous people can also survive,

Due to their luck to avoid disaster.

Those who know how to learn,

Are not as good as those who love to learn.

Those who love to learn

Are not as good as those who enjoy learning.

中人以上，可以语上也；

Zhōng rén yǐ shàng, kě yǐ yǔ shàng yě;

中人以下，不可以语上也。

Zhōng rén yǐ xià, bù kě yǐ yǔ shàng yě.

敬鬼神而远之，可谓知矣。

Jìng guǐ shén ér yuǎn zhī, kě wèi zhī yǐ.

仁者先难而后获，可谓仁矣。

Rén zhě xiān nán ér hòu huò, kě wèi rén yǐ.

Those with above-average aptitude,

One can teach them advanced knowledge.

Those with below-average aptitude,

One cannot teach them advanced knowledge.

Respect ghosts and gods but stay away from them,

One can be called wise.

Tackle difficult tasks and be rewarded afterwards,

One can be called benevolent.

知者乐水，仁者乐山。

Zhì zhě lè shuǐ, rén zhě lè shān.

知者动，仁者静。

Zhì zhě dòng, rén zhě jìng.

知者乐，仁者寿。

Zhì zhě lè, rén zhě shòu.

The wise find pleasure in water,

The benevolent find pleasure in hills.

The wise are active, the benevolent are tranquil.

The wise are happy, the benevolent are long-lived.

己欲立而立人，己欲达而达人。

Jǐ yù lì ér lì rén, jǐ yù dá ér dá rén.

能近取譬，可谓仁之方也已。

Néng jìn qǔ pì, kě wèi rén zhī fāng yě yǐ.

Help others establish themselves,

If you want to establish yourself.

Help others develop themselves,

If you want to develop yourself.

Being able to consider others' situations,

As if they were your own,

It is a way of benevolence.

论语•第七章•述而篇
Confucian Analects: Chapter 7
About Paraphrasing

默而识之，学而不厌，

Mò ér shí zhī, xué ér bú yàn,

诲人不倦，何有于我哉？

Huì rén bú juàn, hé yǒu yú wǒ zāi?

Silently recall what one has learned,

Study hard and never be complacent,

Teach others patiently and tirelessly,

Have I done any of these?

德之不修，学之不讲，

Dé zhī bù xiū, xué zhī bù jiǎng,

闻义不能徙，不善不能改，

Wén yì bù néng xǐ, bú shàn bù néng gǎi,

是吾忧也。

Shì wú yōu yě.

Not cultivating virtue, nor teaching or learning,

Not following righteousness after hearing it,

Not correcting one's mistakes or shortcomings,

These are the things that I worry about.

志于道，据于德，

Zhì yú dào, jù yú dé,

依于仁，游于艺。

Yī yú rén, yóu yú yì.

Commit to studying the Dao, based on virtue.
Rely on benevolence, and rest in the six arts:
Rituals and etiquette, music and dance, archery,
Chariot driving, calligraphy, and mathematics.

不愤不启，不悱不发，

Bú fèn bù qǐ, bù fěi bù fā,

举一隅不以三隅反，

Jǔ yì yú bù yǐ sān yú fǎn,

则不复也。

Zé bú fù yě.

Do not enlighten them,
Until they have thought about the case,
But they cannot comprehend it.
Do not inspire them,
Until they want to express it,
But they cannot find the right words.
Give an example,
But if they cannot draw inferences from it,
Do not teach them again.

富而可求也，虽执鞭之士，吾亦为之。

Fù ér kě qiú yě, suī zhí biān zhī shì, wú yì wéi zhī.

如不可求，从吾所好。

Rú bù kě qiú, cóng wú suǒ hào.

If wealth is in line with the Dao, I can pursue it.
Even if I'm a driver with a horsewhip in hand,
I am willing to do so.
If wealth is not in line with the Dao, I cannot pursue it.
I will just do what I like to do instead.

饭疏食饮水，曲肱而枕之，乐亦在其中矣。

Fàn shū shí yǐn shuǐ, qū gōng ér zhěn zhī, lè yì zài qí zhōng yǐ.

不义而富且贵，于我如浮云。

Bú yì ér fù qiě guì, yú wǒ rú fú yún.

Eat whole grains all day, drink cold water,
Bend my arms to make pillows, I enjoy myself in these.
If wealth and honor are obtained by improper means,
I regard them as floating clouds.

发愤忘食，乐以忘忧，不知老之将至云尔。

Fā fèn wàng shí, lè yǐ wàng yōu, bù zhī lǎo zhī jiāng zhì yún ěr.

我非生而知之者，好古，敏以求之者也。

Wǒ fēi shēng ér zhī zhī zhě, hào gǔ, mǐn yǐ qiú zhī zhě yě.

Working so hard that I forgot to eat,
Being so happy that I forgot my sorrows,
I did not know that my old age was coming.
I was not born with knowledge,
Loved classical culture of ancient China,
And I worked keenly to acquire it.

子不语怪、力、乱、神。
Zǐ bù yǔ guài, lì, luàn, shén.
三人行，必有我师焉。
Sān rén xíng, bì yǒu wǒ shī yān.
择其善者而从之，
Zé qí shàn zhě ér cóng zhī,
其不善者而改之。
Qí bú shàn zhě ér gǎi zhī.

Confucius did not talk about weirdness,
Violence, chaos, or deities.
He said three people walking together,
One of them must be my teacher.
I will select their good traits to follow,
And correct my own shortcomings,
when seeing their bad traits.

子以四教：文，行，忠，信。

Zǐ yǐ sì jiào: Wén, xíng, zhōng, xìn.

仁远乎哉？我欲仁，斯仁至矣。

Rén yuǎn hū zāi? Wǒ yù rén, sī rén zhì yǐ.

君子坦荡荡，小人长戚戚。

Jūn zǐ tǎn dàng dàng, xiǎo rén cháng qī qī.

Confucius' teaching has four contents:
Literature, behavior, loyalty, and trustworthiness.
Is benevolence far away from us?
If I want to be benevolent, benevolence will come.
The virtuous are open-minded and tranquil,
The villainous are calculating and worrisome.

论语·第八章·泰伯篇

Confucian Analects: Chapter 8
Wu Taibo

恭而无礼则劳；慎而无礼则葸；

Gōng ér wú lǐ zé láo; shèn ér wú lǐ zé xǐ;

勇而无礼则乱；直而无礼则绞。

Yǒng ér wú lǐ zé luàn; zhí ér wú lǐ zé jiǎo.

君子笃于亲，则民兴于仁；

Jūn zǐ dǔ yú qīn, zé mín xīng yú rén;

故旧不遗，则民不偷。

Gù jiù bù yí, zé mín bù tōu.

Reverence without etiquette will be in vain.
Cautiousness without etiquette will restrain.
Courage without etiquette will bring chaos.
Candor without etiquette will appear cruel.
If the virtuous treat their relatives sincerely,
Then people will promote benevolence.
If the virtuous do not abandon old friends,
Then people will not be indifferent to others.

民可，使由之；不可，使知之。

Mín kě, shǐ yóu zhī; bù kě, shǐ zhī zhī.

三年学，不至于谷，不易得也。

Sān nián xué, bú zhì yú gǔ, bú yì dé yě.

Those who know what to do,

Let them act on their own.

Those who do not know what to do,

Guide or educate them.

Having studied for three years,

Yet not seeking an official position,

This is invaluable and commendable.

笃信好学，守死善道。

Dǔ xìn hào xué, shǒu sǐ shàn dào.

危邦不入，乱邦不居。

Wēi bāng bú rù, luàn bāng bù jū.

天下有道则见，无道则隐。

Tiān xià yǒu dào zé jiàn, wú dào zé yǐn.

Commit to study and adhere to the Dao.

Do not enter a country in its dangerous state,

Do not live in a country in its troubled times.

Present in a country where there is the Dao,

Withdraw from a country where there is no Dao.

不在其位，不谋其政。

Bú zài qí wèi, bù móu qí zhèng.

学如不及，犹恐失之。

Xué rú bù jí, yóu kǒng shī zhī.

Do not ask about the things, if not holding the position.
Learning knowledge is like catching up with something.
After catching up, one might also worry about losing it.

论语·第九章·子罕篇
Confucian Analects: Chapter 9
Confucius as Rarity

子罕言利，与命与仁。

Zǐ hǎn yán lì, yǔ mìng yǔ rén.

子绝四：毋意、毋必、毋固、毋我。

Zǐ jué sì: Wú yì, wú bì, wú gù, wú wǒ.

Confucius rarely talked about benefit,

He believed in destiny and advocated benevolence.

Confucius put an end to the four evils:

No groundless suspicion, no absolute certainty,

No bigoted stubbornness, no solitary arrogance.

天之将丧斯文也，后死者不得与于斯文也；

Tiān zhī jiāng sàng sī wén yě, hòu sǐ zhě bù dé yǔ yú sī wén yě;

天之未丧斯文也，匡人其如予何？

Tiān zhī wèi sàng sī wén yě, kuāng rén qí rú yǔ hé?

If heaven plans to destroy this culture,

My fellow citizens will not be able to master it.

If heaven does not plan to destroy the culture,

What can the people of Kuang do to me?

仰之弥高，钻之弥坚。

Yǎng zhī mí gāo, zuàn zhī mí jiān.

瞻之在前，忽焉在后。

Zhān zhī zài qián, hū yān zài hòu.

夫子循循然善诱人，博我以文，

Fū zǐ xún xún rán shàn yòu rén, bó wǒ yǐ wén,

约我以礼，欲罢不能。

Yuē wǒ yǐ lǐ, yù bà bù néng.

Confucius' knowledge was lofty and hard to investigate.

It seemed to be ahead but was suddenly behind.

He was good at guiding us step by step,

Enriching our knowledge with literature,

Refining our behavior with etiquette,

It was impossible for us to stop learning.

出则事公卿，入则事父兄。

Chū zé shì gōng qīng, rù zé shì fù xiōng.

逝者如斯夫！不舍昼夜。

Shì zhě rú sī fū! Bù shě zhòu yè.

Serve the ministers in the office,

Serve parents and siblings at home.

Time is like a flowing river,

It keeps passing day and night.

苗而不秀者有矣夫，秀而不实者有矣夫。

Miáo ér bú xiù zhě yǒu yǐ fū, xiù ér bù shí zhě yǒu yǐ fū.

后生可畏，焉知来者之不如今也？

Hòu shēng kě wèi, yān zhī lái zhě zhī bù rú jīn yě?

四十、五十而无闻焉，斯亦不足畏也已。

Sì shí, wǔ shí ér wú wén yān, sī yì bù zú wèi yě yǐ.

Some seedlings only grow but do not bloom,
Some flowers only blossom but do not bear fruit.
Young people today are truly awesome,
How do you know they won't catch up with us?
If one has no fame at the age of forty or fifty,
They are not worthy of awe at all.

法语之言，能无从乎？改之为贵。

Fǎ yǔ zhī yán, néng wú cóng hū? Gǎi zhī wéi guì.

巽与之言，能无说乎？绎之为贵。

Xùn yǔ zhī yán, néng wú yuè hū? Yì zhī wéi guì.

说而不绎，从而不改，吾末如之何也已矣。

Yuè ér bú yì, cóng ér bù gǎi, wú mò rú zhī hé yě yǐ yǐ.

Can one disobey the principles that conform to etiquette?
But only after correcting the mistakes,
Can the principles be valuable.
Can one not be delighted to hear praise words?
But only after analyzing them,
Can these words be valuable.

Joy without analysis, listen without correction,

I have no way to deal with such a person.

主忠信。毋友不如己者，过则勿惮改。

Zhǔ zhōng xìn. Wú yǒu bù rú jǐ zhě, guò zé wù dàn gǎi.

三军可夺帅也，匹夫不可夺志也。

Sān jūn kě duó shuài yě, pǐ fū bù kě duó zhì yě.

Be close to those who are loyal and trustworthy.

Do not befriend those who are dissimilar to you,

Do not be afraid to correct mistakes after making them.

The commander of the army can be seized,

But one's aspirations cannot be taken away.

岁寒，然后知松柏之后凋也。

Suì hán, rán hòu zhī sōng bǎi zhī hòu diāo yě.

知者不惑，仁者不忧，勇者不惧。

Zhì zhě bú huò, rén zhě bù yōu, yǒng zhě bú jù.

In the coldest season,

One knows that pines and cypresses do not wither.

Those who seek knowledge,

Will not be confused by what they encounter.

Those who are benevolent,

Will not worry about personal gains or losses.

Those who are courageous,

Will not fear moving forward with difficulties.

可与共学，未可与适道；

Kě yǔ gòng xué, wèi kě yǔ shì dào;

可与适道，未可与立；

Kě yǔ shì dào, wèi kě yǔ lì;

可与立，未可与权。

Kě yǔ lì, wèi kě yǔ quán.

Those who have studied together,

May not be able to walk the same path.

Those who walked the same path,

May not be able to follow the etiquette.

Those who followed the etiquette,

May not be able to do things flexibly.

唐棣之华，偏其反而。

Táng dì zhī huá, piān qí fǎn ér.

岂不尔思？室是远尔。

Qǐ bù ěr sī? Shì shì yuǎn ěr.

未之思也，夫何远之有。

Wèi zhī sī yě, fū hé yuǎn zhī yǒu.

The flowers of wild plum trees sway gracefully,

Don't I miss you? You are just living too far away.

This means that there is no real missing.

If there is missing, what is far away?

论语·第十章·乡党篇

Confucian Analects: Chapter 10
Village and Town's Fellow

席不正，不坐。

Xí bú zhèng, bú zuò.

食不厌精，脍不厌细。

Shí bú yàn jīng, kuài bú yàn xì.

食不语，寝不言。

Shí bù yǔ, qǐn bù yán.

寝不尸，居不容。

Qǐn bù shī, jū bù róng.

Do not sit on the mat that is improperly placed.

Do not complain that the grain is finely ground.

Do not criticize that the meat is overly minced.

Do not speak while eating, or it's time to sleep.

Do not be like rigid mortis while you're sleeping.

Do not focus on your appearance while at home.

论语·第十一章·先进篇
Confucian Analects: Chapter 11
Advancement

未知生，焉知死？

Wèi zhī shēng, yān zhī sǐ?

夫人不言，言必有中。

Fū rén bù yán, yán bì yǒu zhòng.

过犹不及。

Guò yóu bù jí.

One who does not know about life,

How do they know about death?

One who does not say much,

Will hit the point when they speak.

Being more or being less,

Have the same deficiency.

子张问善人之道，子曰：

Zǐ zhāng wèn shàn rén zhī dào, zǐ yuē:

不践迹，亦不入于室。

Bú jiàn jì, yì bú rù yú shì.

Zi Zhang asked how to be a good person,
Confucius said:
One will not follow in the footsteps of former sages,
Nor enter the Hall of Sages.

论语·第十二章·颜渊篇

Confucian Analects: Chapter 12
Yan Hui (Yan Yuan)

克己复礼为仁。

Kè jǐ fù lǐ wéi rén.

非礼勿视，非礼勿听，

Fēi lǐ wù shì, fēi lǐ wù tīng,

非礼勿言，非礼勿动。

Fēi lǐ wù yán, fēi lǐ wù dòng.

Constrain oneself and conduct according to propriety,

This is benevolence.

Do not watch things violating etiquette,

Do not listen to things violating etiquette,

Do not say things violating etiquette,

Do not practice things violating etiquette.

己所不欲，勿施于人。

Jǐ suǒ bú yù, wù shī yú rén.

在邦无怨，在家无怨。

Zài bāng wú yuàn, zài jiā wú yuàn.

Do not impose on others what you dislike.

You will not cause resentment at court,

Nor lead to resentment at home.

君子不忧不惧。

Jūn zǐ bù yōu bú jù.

内省不疚，夫何忧何惧？

Nèi xǐng bú jiù, fū hé yōu hé jù?

四海之内皆兄弟也。

Sì hǎi zhī nèi jiē xiōng dì yě.

君子何患乎无兄弟也？

Jūn zǐ hé huàn hū wú xiōng dì yě?

The virtuous neither worry nor fear.

With a clear conscience, why do they worry or fear?

All within the four seas are their siblings.

Why should they worry about having no siblings?

浸润之谮，肤受之愬，不行焉，可谓明也已矣；

Jìn rùn zhī zèn, fū shòu zhī sù, bù xíng yān, kě wèi míng yě yǐ yǐ;

浸润之谮，肤受之愬，不行焉，可谓远也已矣。

Jìn rùn zhī zèn, fū shòu zhī sù, bù xíng yān, kě wèi yuǎn yě yǐ yǐ.

Calumny spreads secretly,

And the defamation will not affect them,

They can be said sagacious.

Slander circulates privately,

And the vilification will not affect them,

They can be called foresightful.

自古皆有死，民无信不立。

Zì gǔ jiē yǒu sǐ, mín wú xìn bú lì.

主忠信，徙义，崇德也。

Zhǔ zhōng xìn, xǐ yì, chóng dé yě.

Who has never died since ancient times?

When the monarch loses trust of the people,

He also loses the foundation of the state.

Make trustworthiness as the priority,

When people follow righteousness,

This can be called cultivating virtue.

齐景公问政于孔子，孔子对曰：

Qí jǐng gōng wèn zhèng yú kǒng zǐ, kǒng zǐ duì yuē:

君君，臣臣，父父，子子。

Jūn jūn, chén chén, fù fù, zǐ zǐ.

Duke Jing of Qi asked Confucius how to govern,

Confucius replied:

The Monarch should be like a monarch,

The Minister should be like a minister,

The Father should be like a father,

The Son should be like a son.

居之无倦，行之以忠。

Jū zhī wú juàn, xíng zhī yǐ zhōng.

博学于文，约之以礼，

Bó xué yú wén, yuē zhī yǐ lǐ,

亦可以弗畔矣夫。

Yì kě yǐ fú pàn yǐ fū.

Do not be slack when holding an official position,

Be faithful when executing the monarch's orders.

Study literature and classics extensively,

Restrain oneself with propriety,

This way they will not be deviant.

君子成人之美，不成人之恶；小人反是。

Jūn zǐ chéng rén zhī měi, bù chéng rén zhī è; xiǎo rén fǎn shì.

政者，正也。子帅以正，孰敢不正？

Zhèng zhě, zhèng yě. Zǐ shuài yǐ zhèng, shú gǎn bú zhèng?

The virtuous help others to accomplish good things,

They do not assist others to establish bad things.

The villainous are the opposite.

Politician means being upright.

They first lead others to uprightness,

Who dares not be upright?

子欲善而民善矣。

Zǐ yù shàn ér mín shàn yǐ.

君子之德风，小人之德草，

Jūn zǐ zhī dé fēng, xiǎo rén zhī dé cǎo,

草上之风必偃。

Cǎo shàng zhī fēng bì yǎn.

If the monarch governs well, the people will be well.

The morality of the virtuous is like the wind,

The quality of the populace is like the grass,

When the wind blows on the grass, the grass waves.

樊迟问仁，子曰：爱人。

Fán chí wèn rén, zǐ yuē: Ài rén.

樊迟问知，子曰：知人。

Fán chí wèn zhī, zǐ yuē: Zhī rén.

子贡问友，子曰：忠告而善道之。

Zǐ gòng wèn yǒu, zǐ yuē: Zhōng gào ér shàn dào zhī.

曾子曰：君子以文会友，以友辅仁。

Zēng zǐ yuē: Jūn zǐ yǐ wén huì yǒu, yǐ yǒu fǔ rén.

Fan Chi asked what benevolence was,

Confucius said: "Love people."

Fan Chi asked what wisdom was,

Confucius said: "Know people."

Zigong asked how to treat friends,

Confucius said: "Tell truth in a good way."

Zengzi said: "The virtuous gather friends by their literary talents, and with friends, They support benevolence."

论语•第十三章•子路篇
Confucian Analects: Chapter 13
Zilu (Zhong You)

为政者必将先正名。

Wéi zhèng zhě bì jiāng xiān zhèng míng.

名不正，则言不顺；

Míng bú zhèng, zé yán bú shùn;

言不顺，则事不成；

Yán bú shùn, zé shì bù chéng;

事不成，则礼乐不兴；

Shì bù chéng, zé lǐ yuè bù xīng;

礼乐不兴，则刑罚不中；

Lǐ yuè bù xīng, zé xíng fá bú zhòng;

刑罚不中，则民无所措手足。

Xíng fá bú zhòng, zé mín wú suǒ cuò shǒu zú.

Those who govern a country,

They must first rectify their names.

If their name is incorrect,

Their speech will be ineloquent.

If their speech is ineloquent,

Things will not be accomplished.

If things are unaccomplished,

Rituals and music will not flourish.

If rituals and music do not flourish,

Punishment will be improper.

If punishment is improper,

The people will not know what to do.

上好礼，则民莫敢不敬；

Shàng hào lǐ, zé mín mò gǎn bú jìng;

上好义，则民莫敢不服；

Shàng hào yì, zé mín mò gǎn bù fú;

上好信，则民莫敢不用情。

Shàng hào xìn, zé mín mò gǎn bú yòng qíng.

If those in high positions love etiquette,

The commoners dare not show disrespect.

If those in high positions love righteousness,

The commoners dare not disobey.

If those in high positions love trustworthiness,

The commoners dare not be dishonest.

其身正，不令而行；

Qí shēn zhèng, bú lìng ér xíng;

其身不正，虽令不从。

Qí shēn bú zhèng, suī lìng bù cóng.

苟正其身矣，于从政乎何有？

Gǒu zhèng qí shēn yǐ, yú cóng zhèng hū hé yǒu?

不能正其身，如正人何？

Bù néng zhèng qí shēn, rú zhèng rén hé?

If the monarch is upright,

People will obey without orders.

If the monarch is not upright,

No one will obey his orders.

If the monarch can correct his own words and deeds,

What difficulties will there be in governing the country?

If the monarch cannot correct his own words and deeds,

How can he correct those of others?

叶公问政，子曰：

Yè gōng wèn zhèng, zǐ yuē:

近者说，远者来。

Jìn zhě yuè, yuǎn zhě lái.

子夏为莒父宰，问政，子曰：

Zǐ xià wéi jǔ fù zǎi, wèn zhèng, zǐ yuē:

无欲速，无见小利。

Wú yù sù, wú jiàn xiǎo lì.

欲速则不达，见小利则大事不成。

Yù sù zé bù dá, jiàn xiǎo lì zé dà shì bù chéng.

Duke Ye asked Confucius how to govern,

Confucius said:

Make those near you happy,

And those from far away come.

Zixia was governor of Jufu,

And asked Confucius how to govern,

Confucius said:

Don't do things hastily,

And don't see small profits.

Haste will not reach the goal,

And seeing small profits,

Will not accomplish great things.

樊迟问仁，子曰：

Fán chí wèn rén, zǐ yuē:

居处恭，执事敬，与人忠。

Jū chǔ gōng, zhí shì jìng, yǔ rén zhōng.

虽之夷狄，不可弃也。

Suī zhī yí dí, bù kě qì yě.

Fan Chi asked Confucius how to be benevolent,

Confucius said:

Be dignified and respectful in daily life,

Be serious when doing things and be loyal to others.

Even if one goes to remote areas

where ethnic minorities live,

These principles cannot be abandoned.

子贡问曰：何如斯可谓之士矣？子曰：

Zǐ gòng wèn yuē: Hé rú sī kě wèi zhī shì yǐ? Zǐ yuē:

行己有耻，使于四方不辱君命，可谓士矣。

Xíng jǐ yǒu chǐ, shǐ yú sì fāng bù rǔ jūn mìng, kě wèi shì yǐ.

Zigong asked:

How can one be called a scholar official?

Confucius said:

If one can restrain their behavior with a sense of shame,

Fulfill the monarch's expectations of an envoy

to the world with grace,

This person can be called a scholar official.

君子和而不同，小人同而不和。

Jūn zǐ hé ér bù tóng, xiǎo rén tóng ér bù hé.

君子泰而不骄，小人骄而不泰。

Jūn zǐ tài ér bù jiāo, xiǎo rén jiāo ér bú tài.

刚、毅、木、讷近仁。

Gāng, yì, mù, nè jìn rén.

The virtuous maintain harmony with the surroundings,

While keeping their own views.

The villainous agree with others,

But do not maintain harmony with the surroundings.

The virtuous are tranquil but not arrogant,

The villainous are arrogant but not tranquil.

Strength, perseverance, simplicity, and prudence,

Are four qualities close to benevolence.

论语·第十四章·宪问篇

Confucian Analects: Chapter 14
Yuan Xian's Questions

宪问耻，子曰：

Xiàn wèn chǐ, zǐ yuē:

邦有道，谷；

Bāng yǒu dào, gǔ;

邦无道，谷，耻也。

Bāng wú dào, gǔ, chǐ yě.

Yuan Xian asked Confucius what was shameful,

Confucius said:

When the country was at peace,

Getting a salary as an official was normal.

When the country was in turmoil,

Getting a salary as an official was shameful.

宪问：克、伐、怨、欲不行焉，可以为仁矣？

Xiàn wèn: Kè, fá, yuàn, yù bù xíng yān, kě yǐ wéi rén yǐ?

子曰：可以为难矣，仁则吾不知也。

Zǐ yuē: Kě yǐ wéi nán yǐ, rén zé wú bù zhī yě.

Yuan Xian asked:

Can a person be non-competitive, unboastful,

Unbitter, and non-greedy, be considered benevolent?

Confucius said:

This person can be said to be rare,

And hard to come by,

But whether they are benevolent or not,

I cannot tell.

士而怀居，不足以为士矣。

Shì ér huái jū, bù zú yǐ wéi shì yǐ.

邦有道，危言危行；

Bāng yǒu dào, wēi yán wēi xíng;

邦无道，危行言孙。

Bāng wú dào, wēi xíng yán sūn.

If a scholar is nostalgic for the comfort of a family life,

The person is unsuitable to become a scholar official.

When the country is at peace,

One should speak and act with integrity.

When the country is in turmoil,

One should act with integrity but speak more carefully.

有德者必有言，

Yǒu dé zhě bì yǒu yán,

有言者不必有德。

Yǒu yán zhě bú bì yǒu dé.

仁者必有勇，

Rén zhě bì yǒu yǒng,

勇者不必有仁。

Yǒng zhě bú bì yǒu rén.

Those with virtue must have good words,
Those with good words may not have virtue.
Those with benevolence must have bravery,
Those with bravery may not have benevolence.

君子而不仁者有矣夫，

Jūn zǐ ér bù rén zhě yǒu yǐ fū,

未有小人而仁者也。

Wèi yǒu xiǎo rén ér rén zhě yě.

爱之，能勿劳乎？忠焉，能勿诲乎？

Ài zhī, néng wù láo hū? Zhōng yān, néng wù huì hū?

There are virtuous people without benevolence,
There is no villainous person with benevolence.
Love someone,
Can you not advise them to work diligently?
Being loyal to someone,
Can you not teach them kind words?

贫而无怨难，富而无骄易。

Pín ér wú yuàn nán, fù ér wú jiāo yì.

见利思义，见危授命，

Jiàn lì sī yì, jiàn wēi shòu mìng,

久要不忘平生之言，亦可以为成人矣。
Jiǔ yào bú wàng píng shēng zhī yán, yì kě yǐ wéi chéng rén yǐ.

It is difficult not to complain when poor.
It is easy to be humble when rich.
Seeing profit, one can think of righteousness.
Seeing danger, one is willing to sacrifice their life.
Being poor, one does not forget their lifelong promise.
This person can be considered a perfect human being.

君子上达，小人下达。
Jūn zǐ shàng dá, xiǎo rén xià dá.
君子耻其言而过其行。
Jūn zǐ chǐ qí yán ér guò qí xíng.

The virtuous reach up to benevolence and righteousness,
The villainous reach down to properties and profits.
The virtuous are ashamed of
Saying too much but doing too little.

不逆诈，不亿不信，
Bú nì zhà, bú yì bú xìn,
抑亦先觉者，是贤乎！
Yì yì xiān jué zhě, shì xián hū!
骥不称其力，称其德也。
Jì bù chēng qí lì, chēng qí dé yě.

Do not suppose in advance that others are cheating,

Do not assume groundlessly that others are dishonest,

If one can detect fraud early, this is a wise person!

The winged horse (Qianlima) deserves praise,

Not for its strength, but for its character.

或曰：以德报怨，何如？

Huò yuē: Yǐ dé bào yuàn, hé rú?

子曰：何以报德？

Zǐ yuē: Hé yǐ bào dé?

以直报怨，以德报德。

Yǐ zhí bào yuàn, yǐ dé bào dé.

不怨天，不尤人，下学而上达。

Bú yuàn tiān, bù yóu rén, xià xué ér shàng dá.

Someone asked:

How about repaying resentment with kindness?

Confucius said:

How will you repay kindness?

Repay resentment with righteousness,

And kindness with kindness.

Do not blame heaven, do not blame people,

Learn rituals and music in the world,

Follow one's destiny to reach heaven.

道之将行也与，命也；

Dào zhī jiāng xíng yě yǔ, mìng yě;

道之将废也与，命也。

Dào zhī jiāng fèi yě yǔ, mìng yě.

The principle to be implemented,

It is determined by destiny.

The principle to be abandoned,

It is also determined by destiny.

论语·第十五章·卫灵公篇
Confucian Analects: Chapter 15
Duke Ling of Wei

君子固穷，

Jūn zǐ gù qióng,

小人穷斯滥矣。

Xiǎo rén qióng sī làn yǐ.

知德者鲜矣。

Zhī dé zhě xiǎn yǐ.

The virtuous adhere to righteousness when in difficulty,

The villainous run amok when in trouble.

There are few people who understand virtue.

言忠信，行笃敬，

Yán zhōng xìn, xíng dǔ jìng,

虽蛮貊之邦行矣；

Suī mán mò zhī bāng xíng yǐ;

言不忠信，行不笃敬，

Yán bù zhōng xìn, xíng bù dǔ jìng,

虽州里行乎哉？

Suī zhōu lǐ xíng hū zāi?

Words must be trustworthy and truthful,
Deeds must be honest and respectful.
Even in barren and backward areas,
These principles can work.
Words are untrustworthy and untruthful,
Deeds are dishonest and disrespectful,
Even in the native land,
Can these things work?

可与言而不与之言，失人；
Kě yǔ yán ér bù yǔ zhī yán, shī rén;
不可与言而与之言，失言。
Bù kě yǔ yán ér yǔ zhī yán, shī yán.
知者不失人亦不失言。
Zhì zhě bù shī rén yì bù shī yán.

If one could talk to the person but they did not,
This is called losing a friend.
If one should not talk to the person but they did,
This is saying wrong words.
The wise would not lose friends,
Nor speak wrong words.

志士仁人无求生以害仁，
Zhì shì rén rén wú qiú shēng yǐ hài rén,
有杀身以成仁。
Yǒu shā shēn yǐ chéng rén.

人无远虑，必有近忧。

Rén wú yuǎn lǜ, bì yǒu jìn yōu.

躬自厚而薄责于人，则远怨矣。

Gōng zì hòu ér bó zé yú rén, zé yuǎn yuàn yǐ.

Those with lofty ideals and benevolence,
Will not harm benevolence for their own survival,
But rather sacrifice their life for benevolence.
Those without foresight will have immediate worries.
Reflect on oneself more and blame others less,
This can avoid the resentment of others.

群居终日，言不及义，

Qún jū zhōng rì, yán bù jí yì,

好行小慧，难矣哉！

Hào xíng xiǎo huì, nán yǐ zāi!

Gathering all day without talking about the right things,
It is difficult to teach those
who enjoy boasting about their cleverness!

君子义以为质，

Jūn zǐ yì yǐ wéi zhì,

礼以行之，孙以出之，

Lǐ yǐ xíng zhī, sūn yǐ chū zhī,

信以成之。君子哉！

Xìn yǐ chéng zhī. Jūn zǐ zāi!

The virtuous uphold righteousness as the basic principle,

Implement it with rituals, express it in modest words,

Complete it with faithfulness.

These are virtuous people!

君子病无能焉,

Jūn zǐ bìng wú néng yān,

不病人之不己知也。

Bú bìng rén zhī bù jǐ zhī yě.

君子疾没世而名不称焉。

Jūn zǐ jí mò shì ér míng bù chēng yān.

The virtuous worry that they lack ability,

They do not worry that others don't know them.

They anguish that they will not be praised at death.

君子求诸己,小人求诸人。

Jūn zǐ qiú zhū jǐ, xiǎo rén qiú zhū rén.

君子矜而不争,群而不党。

Jūn zǐ jīn ér bù zhēng, qún ér bù dǎng.

君子不以言举人,不以人废言。

Jūn zǐ bù yǐ yán jǔ rén, bù yǐ rén fèi yán.

巧言乱德,小不忍,则乱大谋。

Qiǎo yán luàn dé, xiǎo bù rěn, zé luàn dà móu.

The virtuous demand themselves,

The villainous demand others.

The virtuous are dignified and cooperative,

Forming groups but not cliques.

The virtuous do not recommend someone

Because of their clever speech,

Nor abandon someone's correct suggestion

Because of their lack of virtue.

Clever words corrupt virtue,

Intolerance in small things may ruin big strategies.

众恶之，必察焉；

Zhòng wù zhī, bì chá yān;

众好之，必察焉。

Zhòng hào zhī, bì chá yān.

过而不改，是谓过矣。

Guò ér bù gǎi, shì wèi guò yǐ.

Everyone hates the person,

You must examine them and check for yourself.

Everyone likes the person,

You must examine them and judge for yourself.

An uncorrected mistake is a real mistake.

吾尝终日不食、

Wú cháng zhōng rì bù shí,

终夜不寝以思,

Zhōng yè bù qǐn yǐ sī,

无益，不如学也。

Wú yì, bù rú xué yě.

I used to think about things all day without eating,

And think about things all night without sleeping.

But it did not do me good, I'd better go and study.

君子谋道不谋食。

Jūn zǐ móu dào bù móu shí.

耕也馁在其中矣,

Gēng yě něi zài qí zhōng yǐ,

学也禄在其中矣。

Xué yě lù zài qí zhōng yǐ.

君子忧道不忧贫。

Jūn zǐ yōu dào bù yōu pín.

The virtuous sought the Dao but not food.

Since farmers often endured hunger,

Whereas scholars often had a salary.

So, the virtuous worried if they learned the Dao,

They did not worry about poverty.

君子不可小知而可大受也，

Jūn zǐ bù kě xiǎo zhī ér kě dà shòu yě,

小人不可大受而可小知也。

Xiǎo rén bù kě dà shòu ér kě xiǎo zhī yě.

The virtuous should not be asked to do little things,
They should be assigned to take on big undertakings.
The villainous should not be asked to do big tasks,
They should be assigned to do little things.

民之于仁也，甚于水火。

Mín zhī yú rén yě, shèn yú shuǐ huǒ.

水火，吾见蹈而死者矣，

Shuǐ huǒ, wú jiàn dǎo ér sǐ zhě yǐ,

未见蹈仁而死者也。

Wèi jiàn dǎo rén ér sǐ zhě yě.

People's demands for benevolence
Exceed those for water and fire.
I have only seen people die
by jumping into water or fire.
But I have never seen anyone die
by practicing benevolence.

当仁不让于师。

Dāng rén bú ràng yú shī.

君子贞而不谅。

Jūn zǐ zhēn ér bú liàng.

Anything not in accord with benevolence,

Must be debated.

Even if one must confront a teacher,

They must not give in.

The virtuous discuss big faith,

They do not cling to small details.

有教无类。

Yǒu jiào wú lèi.

道不同，不相为谋。

Dào bù tóng, bù xiāng wéi móu.

辞达而已矣。

Cí dá ér yǐ yǐ.

Education must be available to everyone

Without distinctions of class [gender, or ethnicity].

People with different ideals cannot plan together.

Words only need to express the meaning clearly.

论语•第十六章•季氏篇
Confucian Analects: Chapter 16
Ji Shi (Ji Kangzi)

有国有家者，

Yǒu guó yǒu jiā zhě,

不患寡而患不均，

Bú huàn guǎ ér huàn bù jūn,

不患贫而患不安。

Bú huàn pín ér huàn bù ān.

盖均无贫，和无寡，安无倾。

Gài jūn wú pín, hé wú guǎ, ān wú qīng.

故远人不服则修文德以来之，

Gù yuǎn rén bù fú zé xiū wén dé yǐ lái zhī,

既来之，则安之。

Jì lái zhī, zé ān zhī.

The monarch did not worry,

That the population was small,

But uneven wealth.

The governors did not worry about poverty,

But instability.

Because if wealth was even,

There would be no poverty.

If harmony and unity were present,

The population would not be small.

If the country was stable,

There would be no danger of being overthrown.

If the people from afar do not surrender,

Cultivate virtue to attract them.

When they come, let them live with peace of mind.

益者三友，损者三友。

Yì zhě sān yǒu, sǔn zhě sān yǒu.

友直、友谅、友多闻，益矣；

Yǒu zhí, yǒu liàng, yǒu duō wén, yì yǐ;

友便辟、友善柔、友便佞，损矣。

Yǒu biàn pì, yǒu shàn róu, yǒu biàn nìng, sǔn yǐ.

Three kinds of good friends, three kinds of bad friends:

Good friends are upright, honest, and knowledgeable.

Bad friends are twisted, dishonest, and flattering.

益者三乐，损者三乐。

Yì zhě sān lè, sǔn zhě sān lè.

乐节礼乐、乐道人之善、乐多贤友，益矣；

Lè jié lǐ yuè, lè dào rén zhī shàn, lè duō xián yǒu, yì yǐ;

乐骄乐、乐佚游、乐宴乐，损矣。

Lè jiāo lè, lè yì yóu, lè yàn lè, sǔn yǐ.

Three beneficial hobbies, three harmful hobbies:

Beneficial hobbies include:

Restraining behavior with etiquette,

Praising the merits of others,

And befriending virtuous people.

Harmful hobbies include:

Fostering egocentric pride and arrogance,

Enjoying idleness and wandering,

And indulging in food and wine.

君子有三戒：

Jūn zǐ yǒu sān jiè:

少之时，血气未定，戒之在色；

Shào zhī shí, xuè qì wèi dìng, jiè zhī zài sè;

及其壮也，血气方刚，戒之在斗；

Jí qí zhuàng yě, xuè qì fāng gāng, jiè zhī zài dòu;

及其老也，血气既衰，戒之在得。

Jí qí lǎo yě, xuè qì jì shuāi, jiè zhī zài dé.

The virtuous should abstain from these three things:

Abstain from womanizing

when the blood *qi* is unstable at youth.

Abstain from fighting

when the blood *qi* is vigorous at middle age.

Abstain from wealth gaining

when the blood *qi* is weak at old age.

君子有三畏：

Jūn zǐ yǒu sān wèi:

畏天命，畏大人，畏圣人之言。

Wèi tiān mìng, wèi dà rén, wèi shèng rén zhī yán.

小人不知天命而不畏也，

Xiǎo rén bù zhī tiān mìng ér bú wèi yě,

狎大人，侮圣人之言。

Xiá dà rén, wǔ shèng rén zhī yán.

The virtuous revere these three things:

Destiny, Lords, and the Words of Sages.

The villainous do not know destiny cannot be defied,

They despise the lords and insult the words of sages.

生而知之者上也，

Shēng ér zhī zhī zhě shàng yě,

学而知之者次也；

Xué ér zhī zhī zhě cì yě;

困而学之又其次也。

Kùn ér xué zhī yòu qí cì yě.

困而不学，民斯为下矣。

Kùn ér bù xué, mín sī wéi xià yǐ.

The best is obtaining knowledge at birth,

The second best is knowing after learning.

The third is learning after encountering confusion.

The worst is not learning after encountering confusion.

君子有九思：视思明，听思聪，色思温，貌思恭，
Jūn zǐ yǒu jiǔ sī: Shì sī míng, tīng sī cōng, sè sī wēn, mào sī gōng,
言思忠，事思敬，疑思问，忿思难，见得思义。
Yán sī zhōng, shì sī jìng, yí sī wèn, fèn sī nán, jiàn dé sī yì.

The virtuous think about these nine things:
Whether they understand it when watching something,
Whether they hear it clearly when listening,
Whether their looks are gentle when meeting people,
Whether their appearance is respectful when gathering,
Whether their words are sincere when speaking,
Whether they are serious when doing something,
Whether they ask questions when facing problems,
Whether they consider consequences when getting angry,
Whether it is righteous to gain when seeing profit.

见善如不及，见不善如探汤；
Jiàn shàn rú bù jí, jiàn bú shàn rú tàn tāng;
吾见其人矣。吾闻其语矣。
Wú jiàn qí rén yǐ. Wú wén qí yǔ yǐ.
隐居以求其志，行义以达其道；
Yǐn jū yǐ qiú qí zhì, xíng yì yǐ dá qí dào;
吾闻其语矣，未见其人也。
Wú wén qí yǔ yǐ, wèi jiàn qí rén yě.

Seeing kind actions,

One worries about not matching them.

Seeing unkind actions,

One avoids them as if boiling water.

I have seen such people and heard such things.

Preserving aspiration by secluding from the world,

Carrying out one's ideas according to righteousness.

I have heard such things but not seen such people.

不学《诗》，无以言。

Bù xué "shī", wú yǐ yán.

不学《礼》，无以立。

Bù xué "lǐ", wú yǐ lì.

Without studying the *Classic of Poetry* (*Shijing*),

One cannot speak eloquently.

Without studying the *Book of Rites* (*Liji*),

One cannot gain a foothold in society.

论语·第十七章·阳货篇

Confucian Analects: Chapter 17
Yang Huo

日月逝矣，岁不我与！

Rì yuè shì yǐ, suì bù wǒ yǔ!

性相近也，习相远也。

Xìng xiāng jìn yě, xí xiāng yuǎn yě.

唯上知与下愚不移。

Wéi shàng zhī yǔ xià yú bù yí.

君子学道则爱人，

Jūn zǐ xué dào zé ài rén,

小人学道则易使也。

Xiǎo rén xué dào zé yì shǐ yě.

Time is passing day by day.

Years will wait for no one!

Human nature is similar at birth,

Differences will arise,

After influences from the environment.

Only the wise and the foolish do not change.

The virtuous will love others after learning the Dao,

The villainous will be obedient after learning the Dao.

能行五者于天下为仁矣。

Néng xíng wǔ zhě yú tiān xià wéi rén yǐ.

恭、宽、信、敏、惠。

Gōng, kuān, xìn, mǐn, huì.

恭则不侮，宽则得众，

Gōng zé bù wǔ, kuān zé dé zhòng,

信则人任焉，敏则有功，

Xìn zé rén rèn yān, mǐn zé yǒu gōng,

惠则足以使人。

Huì zé zú yǐ shǐ rén.

Practicing these five virtues in the world is benevolent:
Solemness, generosity, honesty, diligence, and kindness.
Being solemn will not be insulted,
Being generous will win the support of the masses,
Being honest will obtain official appointments,
Being diligent will improve work efficiency,
Being kind will be able to command others.

好仁不好学，其蔽也愚；

Hào rén bú hào xué, qí bì yě yú;

好知不好学，其蔽也荡；

Hào zhī bú hào xué, qí bì yě dàng;

好信不好学，其蔽也贼；

Hào xìn bú hào xué, qí bì yě zéi;

好直不好学，其蔽也绞；

Hào zhí bú hào xué, qí bì yě jiǎo;

好勇不好学，其蔽也乱；

Hào yǒng bú hào xué, qí bì yě luàn;

好刚不好学，其蔽也狂。

Hào gāng bú hào xué, qí bì yě kuáng.

Loving benevolence but not learning,
One will be foolish.
Loving knowledge but not learning,
One will be loose.
Loving honesty but not learning,
One will be used by others.
Loving frankness but not learning,
One will be harsh.
Loving bravery but not learning,
One will be chaotic.
Loving strength but not learning,
One will be arrogant.

乡愿，德之贼也。

Xiāng yuàn, dé zhī zéi yě.

道听而涂说，德之弃也。

Dào tīng ér tú shuō, dé zhī qì yě.

An old villager who cannot distinguish right from wrong,
This is a virtue corrupter.
One hears the rumors everywhere and helps to spread it,
This is what virtue rejects.

其未得之也，患得之；

Qí wèi dé zhī yě, huàn dé zhī;

既得之，患失之。

Jì dé zhī, huàn shī zhī.

苟患失之，无所不至矣。

Gǒu huàn shī zhī, wú suǒ bú zhì yǐ.

Before getting an official position,

One worries about not getting it.

After getting the official position,

One worries about losing it.

If one worries about losing the position,

They could do anything.

古者民有三疾，今也或是之亡也。

Gǔ zhě mín yǒu sān jí, jīn yě huò shì zhī wáng yě.

古之狂也肆，今之狂也荡；

Gǔ zhī kuáng yě sì, jīn zhī kuáng yě dàng;

古之矜也廉，今之矜也忿戾；

Gǔ zhī jīn yě lián, jīn zhī jīn yě fèn lì;

古之愚也直，今之愚也诈而已矣。

Gǔ zhī yú yě zhí, jīn zhī yú yě zhà ér yǐ yǐ.

The ancients had three kinds of problems,

Today's problems may not be what they used to be.

Ancient madmen were reckless and unscrupulous,

Today's madmen are licentious and unrestrained.

Ancient reserved people were honest and angular,
Today's reserved people are irritable and arrogant.
Ancient fools were simple and straightforward,
Today's fools are deceiving and pretending.

天何言哉？

Tiān hé yán zāi?

四时行焉，

Sì shí xíng yān,

百物生焉，

Bǎi wù shēng yān,

天何言哉？

Tiān hé yán zāi?

What did heaven say?
Four seasons run as normal,
All things grow as usual,
Did heaven say anything?

饱食终日，无所用心，难矣哉！

Bǎo shí zhōng rì, wú suǒ yòng xīn, nán yǐ zāi!

不有博弈者乎？为之犹贤乎已。

Bù yǒu bó yì zhě hū? Wéi zhī yóu xián hū yǐ.

It is hard to be satiated with food all day and remain idle!
Are there no games like throwing dice and playing Go?
Playing games is better than not doing anything.

论语·第十八章·微子篇
Confucian Analects: Chapter 18
Wei Zi (Wei Ziqi)

往者不可谏，来者犹可追。

Wǎng zhě bù kě jiàn, lái zhě yóu kě zhuī.

鸟兽不可与同群，

Niǎo shòu bù kě yǔ tóng qún,

吾非斯人之徒与而谁与？

Wú fēi sī rén zhī tú yǔ ér shuí yǔ?

旧无大故则不弃也，无求备于一人。

Jiù wú dà gù zé bú qì yě, wú qiú bèi yú yì rén.

The past is irreversible, and the future can be remedied.

Humans cannot live in groups with birds or beasts,

If one does not like to deal with people,

Who else do they like to deal with?

Do not abandon old friends if they have no big faults,

Do not blame a person for being imperfect.

论语·第十九章·子张篇
Confucian Analects: Chapter 19
Zizhang (Zhuansun Shi)

士见危致命，见得思义。

Shì jiàn wēi zhì mìng, jiàn dé sī yì.

执德不弘，信道不笃，

Zhí dé bù hóng, xìn dào bù dǔ,

焉能为有？焉能为亡？

Yān néng wéi yǒu? Yān néng wéi wáng?

Seeing danger,
Scholar officials can sacrifice their lives for the country.
Seeing benefit,
Scholar officials can consider its righteousness to gain.
But if one practices virtue without carrying it forward,
Believing in the Dao but not being faithful or firm,
Who can say there are such people?
Who can say there aren't such people?

可者与之，其不可者拒之。

Kě zhě yǔ zhī, qí bù kě zhě jù zhī.

虽小道必有可观者焉，致远恐泥，

Suī xiǎo dào bì yǒu kě guān zhě yān, zhì yuǎn kǒng ní,

是以君子不为也。

Shì yǐ jūn zǐ bù wéi yě.

Befriend those who can be friends,

Unfriend those who cannot be friends.

A small skill must have merits,

But it may not work for a great cause,

So, the virtuous do not engage in small arts.

日知其所亡，月无忘其所能，可谓好学也已矣。

Rì zhī qí suǒ wáng, yuè wú wàng qí suǒ néng, kě wèi hào xué yě yǐ yǐ.

博学而笃志，切问而近思，仁在其中矣。

Bó xué ér dǔ zhì, qiè wèn ér jìn sī, rén zài qí zhōng yǐ.

Learn something new every day,

Remember what one has learned every month,

This can be called studious.

Read widely and hold fast to one's aspirations,

Ask earnestly and think a lot about current affairs,

There is benevolence in it.

百工居肆以成其事，

Bǎi gōng jū sì yǐ chéng qí shì,

君子学以致其道。

Jūn zǐ xué yǐ zhì qí dào.

小人之过也必文。

Xiǎo rén zhī guò yě bì wén.

Workers complete their daily work in workshops,
The virtuous commit to lifelong study to obtain the Dao.
The villainous will cover up their mistakes.

君子有三变：望之俨然，
Jūn zǐ yǒu sān biàn: Wàng zhī yǎn rán,
即之也温，听其言也厉。
Jí zhī yě wēn, tīng qí yán yě lì.

The virtuous seem to have three changes:
Looking majestic and awesome from afar,
Appearing gentle and amiable in proximity,
Being strict and serious in their speeches.

大德不逾闲，小德出入可也。
Dà dé bù yú xián, xiǎo dé chū rù kě yě.
仕而优则学，学而优则仕。
Shì ér yōu zé xué, xué ér yōu zé shì.

It is impermissible to take formal actions
Beyond the limit of virtue.
It is permissible to take informal actions
Within the limit of virtue.
Scholar officials who have spare energy
Can continue their studies.
Having conducted excellent studies
And still having energy,

They can become scholar officials

To promote benevolence.

君子之过也，如日月之食焉。

Jūn zǐ zhī guò yě, rú rì yuè zhī shí yān.

过也，人皆见之；

Guò yě, rén jiē jiàn zhī;

更也，人皆仰之。

Gēng yě, rén jiē yǎng zhī.

A mistake of the virtuous is like a lunar eclipse.

When there is a mistake, everyone can see it.

When the mistake is corrected, everyone admires it.

论语•第二十章•尧曰篇
Confucian Analects: Chapter 20
Yao Yue (Yao Chan)

宽则得众，信则民任焉，

Kuān zé dé zhòng, xìn zé mín rèn yān,

敏则有功，公则说。

Mǐn zé yǒu gōng, gōng zé yuè.

Generosity will win people's support,
Trustworthiness will gain people's trust,
Diligence will aid accomplishments,
Justice will convince people's hearts.

君子惠而不费，

Jūn zǐ huì ér bú fèi,

劳而不怨，欲而不贪，

Láo ér bú yuàn, yù ér bù tān,

泰而不骄，威而不猛。

Tài ér bù jiāo, wēi ér bù měng.

The virtuous offer people kindness without cost,
They make people work hard without resentment,
Pursue benevolence and virtue but not greed or profit,
Being solemn but not arrogant, majestic but not fierce.

不知命，无以为君子也；

Bù zhī mìng, wú yǐ wéi jūn zǐ yě;

不知礼，无以立也；

Bù zhī lǐ, wú yǐ lì yě;

不知言，无以知人也。

Bù zhī yán, wú yǐ zhī rén yě.

Those who do not know their destiny,

They cannot be virtuous people.

Those who do not know etiquette,

They cannot establish themselves in the world.

Those who do not discern the words of others,

They cannot understand people.

第二部：中庸（节选）
Part 2: Doctrine of the Mean (Excerpt)

Introduction

The Doctrine of the Mean (*Zhongyong*) is an essay on Confucian cultivation, which was originally the 31st chapter of the *Book of Rites* (*Li Ji*). Legend says it was compiled by Zisi (Kong Ji, 483–402 BCE), the grandson of Confucius who was also a philosopher. Together with the *Great Learning* (*Daxue*), *Analects* (*Lunyu*), and *Mencius* (*Mengzi*), they constitute the "Four Books" (*Si Shu*) that are authoritative and important works associated with Confucianism. After the Yuan dynasty (1271–1368), *Doctrine of the Mean* became an official textbook for Chinese schools, and a must-read for the Imperial Examinations, which had a great impact on traditional Chinese education. The concepts of "five daos" (*wu da dao*), "three virtues" (*san da de*), "prudent self-cultivation" (*shendu zixiu*), and "perfect sincerity in human nature" (*zhi cheng jin xin*) proposed in it have had major influence on Chinese people's interactions with each other and on cultivating their moral characters. Part 2 contains about 225 key passages extracted from the popular edition of the 33 chapters of *Doctrine of the Mean*, grouped and arranged in poetry format by the translator according to their order of appearance and meanings, which have generated fresh and new insight.

中庸•第一章

Doctrine of the Mean: Chapter 1

天命之谓性；率性之谓道；修道之谓教。

Tiān mìng zhī wèi xìng; shuài xìng zhī wèi dào; xiū dào zhī wèi jiào.

道也者，不可须臾离也；可离，非道也。

Dào yě zhě, bù kě xū yú lí yě; kě lí, fēi dào yě.

是故君子戒慎乎其所不睹，恐惧乎其所不闻。

Shì gù jūn zǐ jiè shèn hū qí suǒ bù dǔ, kǒng jù hū qí suǒ bù wén.

莫见乎隐，莫显乎微。故君子慎其独也。

Mò jiàn hū yǐn, mò xiǎn hū wēi. Gù jūn zǐ shèn qí dú yě.

One's inborn character is called nature.

Their behavior according to nature is called Dao.

Cultivation according to the Dao is called education.

Dao cannot be left out.

If it can be left out, it is not the Dao.

So, the virtuous are cautious

where no one sees or hears them.

Hidden places are more visible,

Subtle places are more obvious.

Thus, the virtuous are more cautious

when they are alone.

喜、怒、哀、乐之未发，谓之中。

Xǐ, nù, āi, lè zhī wèi fā, wèi zhī zhōng.

发而皆中节，谓之和。

Fā ér jiē zhōng jié, wèi zhī hé.

中也者，天下之大本也。

Zhōng yě zhě, tiān xià zhī dà běn yě.

和也者，天下之达道也。

Hé yě zhě, tiān xià zhī dá dào yě.

致中和，天地位焉，万物育焉。

Zhì zhōng hé, tiān dì wèi yān, wàn wù yù yān.

When happiness, anger, sorrow, or joy is unexpressed,

It is called at the "center."

When they are expressed appropriately from the heart,

It is called "harmony."

Center is the base of everyone's nature.

Harmony is the principle to follow through.

When the state of central harmony is achieved,

Heaven and earth will be in their proper places,

Everything will grow and prosper.

中庸•第二章

Doctrine of the Mean: Chapter 2

君子中庸；小人反中庸。

Jūn zǐ zhōng yōng; xiǎo rén fǎn zhōng yōng.

君子之中庸也，君子而时中。

Jūn zǐ zhī zhōng yōng yě, jūn zǐ ér shí zhōng.

小人之反中庸也，小人而无忌惮也。

Xiǎo rén zhī fǎn zhōng yōng yě, xiǎo rén ér wú jì dàn yě.

The virtuous follow the *Doctrine of the Mean*
in dealing with others.
The villainous violate the *Doctrine of the Mean*
in dealing with others.
The virtuous comply with the *Doctrine of the Mean*
in words and deeds,
As they can behave in a moderate manner
in different situations.
The villainous deviate from the *Doctrine of the Mean*
Because they are unscrupulous,
And they cannot restrain their words or deeds.

中庸•第三章
Doctrine of the Mean: Chapter 3

中庸其至矣乎!

Zhōng yōng qí zhì yǐ hū!

民鲜能久矣。

Mín xiǎn néng jiǔ yǐ.

Moderation is the highest state!

[The middle way is the best route!]

But few people can keep it for long.

中庸·第四章
Doctrine of the Mean: Chapter 4

道之不行也，我知之矣：

Dào zhī bù xíng yě, wǒ zhī zhī yǐ:

知者过之；愚者不及也。

Zhì zhě guò zhī; yú zhě bù jí yě.

道之不明也，我知之矣：

Dào zhī bù míng yě, wǒ zhī zhī yǐ:

贤者过之；不肖者不及也。

Xián zhě guò zhī; bú xiào zhě bù jí yě.

I know why the *Doctrine of the Mean* is not practiced:

Smart people are too clever and opinionated,

Stupid people are too brainless to understand it.

I know why the *Doctrine of the Mean* is not promoted:

Talented people overdo it,

Untalented people cannot do it.

中庸·第五章
Doctrine of the Mean: Chapter 5

道其不行矣夫。

Dào qí bù xíng yǐ fū.

The most righteous way,

It is probably impossible to realize!

中庸•第六章
Doctrine of the Mean: Chapter 6

舜其大知也与！

Shùn qí dà zhì yě yǔ!

舜好问而好察迩言。

Shùn hào wèn ér hào chá ěr yán

隐恶而扬善。

Yǐn è ér yáng shàn.

执其两端，用其中于民。

Zhí qí liǎng duān, yòng qí zhōng yú mín.

Shun was truly a man of great wisdom!

He liked to ask questions,

And he was good at understanding words.

He concealed the wrong or deficient places,

And promoted the correct phrases.

He held the opinions of both ends,

And adopted the middle for common people.

中庸•第七章

Doctrine of the Mean: Chapter 7

人皆曰"予知",

Rén jiē yuē "yǔ zhì",

驱而纳诸罟擭陷阱之中,

Qū ér nà zhū gǔ huò xiàn jǐng zhī zhōng,

而莫之知辟也。

Ér mò zhī zhī bì yě.

人皆曰"予知",

Rén jiē yuē "yǔ zhì",

择乎中庸,而不能期月守也。

Zé hū zhōng yōng, ér bù néng qī yuè shǒu yě.

Everyone says: "I am wise,"

But driven by greed,

They all fall into the trap like animals,

And they do not even know how to escape.

Everyone says: "I am wise,"

But they cannot stick to the *Doctrine of the Mean*

Even for a month.

中庸•第八章
Doctrine of the Mean: Chapter 8

子曰：回之为人也：

Zǐ yuē: Huí zhī wéi rén yě:

择乎中庸，得一善，

Zé hū zhōng yōng, dé yí shàn,

则拳拳服膺而弗失之矣。

Zé quán quán fú yīng ér fú shī zhī yǐ.

Confucius said:

Yan Hui chose the *Doctrine of the Mean*.

He learned this good doctrine,

And kept it firmly in his heart.

Never dared to forget it,

And never let it go.

中庸·第九章

Doctrine of the Mean: Chapter 9

天下国家，可均也；

Tiān xià guó jiā, kě jūn yě;

爵禄，可辞也；

Jué lù, kě cí yě;

白刃，可蹈也；

Bái rèn, kě dǎo yě;

中庸不可能也。

Zhōng yōng bù kě néng yě.

Countries under heaven can be well governed,

Official salaries can be abandoned,

Shining blades can be trod on,

Doctrine of the Mean cannot be easily attained.

中庸•第十章

Doctrine of the Mean: Chapter 10

宽柔以教，不报无道，

Kuān róu yǐ jiào, bú bào wú dào,

南方之强也。君子居之。

Nán fāng zhī qiáng yě. Jūn zǐ jū zhī.

衽金革，死而不厌，

Rèn jīn gé, sǐ ér bú yàn,

北方之强也。而强者居之。

Běi fāng zhī qiáng yě. Ér qiáng zhě jū zhī.

Teaching tolerance and gentleness,

But not revenge even when others are rude.

This is the southern type of strength.

The virtuous have this kind of strength.

Using weapons, armors, and shields as pillows,

And dying without regrets.

This is the northern type of strength.

The strong have this kind of strength.

君子和而不流；强哉矫。

Jūn zǐ hé ér bù liú; qiáng zāi jiǎo.

中立而不倚；强哉矫。

Zhōng lì ér bù yǐ; qiáng zāi jiǎo.

国有道，不变塞焉；强哉矫。

Guó yǒu dào, bú biàn sāi yān; qiáng zāi jiǎo.

国无道，至死不变；强哉矫。

Guó wú dào, zhì sǐ bú biàn; qiáng zāi jiǎo.

The virtuous are harmonious but not following trends,

This is real strength.

Keeping the middle way but not favoring any sides,

This is real strength.

Holding aspirations when the country is stable,

This is real strength.

Maintaining integrity when the country is in turmoil,

This is real strength.

中庸·第十一章

Doctrine of the Mean: Chapter 11

君子遵道而行，半途而废：吾弗能已矣。

Jūn zǐ zūn dào ér xíng, bàn tú ér fèi: Wú fú néng yǐ yǐ.

君子依乎中庸，遁世不见知而不悔。

Jūn zǐ yī hū zhōng yōng, dùn shì bú jiàn zhī ér bù huǐ.

唯圣者能之。

Wéi shèng zhě néng zhī.

The virtuous follow the *Doctrine of the Mean*,

Some give up halfway, but I will never abandon it.

The true virtuous adhere to the *Doctrine of the Mean*,

They will not regret it,

Even if they are unknown all their life.

Only the sages can do so.

中庸·第十二章
Doctrine of the Mean: Chapter 12

君子之道，费而隐。

Jūn zǐ zhī dào, fèi ér yǐn.

夫妇之愚，可以与知焉，

Fū fù zhī yú, kě yǐ yù zhī yān,

及其至也，虽圣人亦有所不知焉。

Jí qí zhì yě, suī shèng rén yì yǒu suǒ bù zhī yān.

夫妇之不肖，可以能行焉，

Fū fù zhī bú xiào, kě yǐ néng xíng yān,

及其至也，虽圣人亦有所不能焉。

Jí qí zhì yě, suī shèng rén yì yǒu suǒ bù néng yān.

The Doctrine of the Mean is broad and subtle.

Although ordinary people may not be bright,

They may know the principles of the doctrine.

Even the sages may not always know

The highest state of the doctrine.

Although ordinary people may not be wise,

They may practice the principles of the doctrine.

Even the sages may not always reach

The highest state of the doctrine.

天地之大也，人犹有所憾。

Tiān dì zhī dà yě, rén yóu yǒu suǒ hàn.

故君子语大，天下莫能载焉，

Gù jūn zǐ yǔ dà, tiān xià mò néng zài yān,

语小，天下莫能破焉。

Yǔ xiǎo, tiān xià mò néng pò yān.

The world is so vast,

But people still have something to be dissatisfied with.

Hence the virtuous say that the Dao is so huge,

That nothing in the world can bear it.

And that the Dao is so tiny,

That no one in the world can dissect it.

诗云："鸢飞戾天；鱼跃于渊。"

Shī yún: "Yuān fēi lì tiān; yú yuè yú yuān."

言其上下察也。

Yán qí shàng xià chá yě.

君子之道，造端乎夫妇；

Jūn zǐ zhī dào, zào duān hū fū fù;

及其至也，察乎天地。

Jí qí zhì yě, chá hū tiān dì.

The Classic of Poetry says:

"Birds fly in the sky, and fish leap into deep water."

It suggests observing the birds in the sky above,

And the fish in the abyss below.

Although the Dao followed by the virtuous
Starts with ordinary men and women,
Its highest state is clearly observable
In heaven and earth.

中庸•第十三章

Doctrine of the Mean: Chapter 13

道不远人。

Dào bù yuǎn rén.

人之为道而远人,不可以为道。

Rén zhī wèi dào ér yuǎn rén, bù kě yǐ wéi dào.

君子以人治人,改而止。

Jūn zǐ yǐ rén zhì rén, gǎi ér zhǐ.

忠恕违道不远。

Zhōng shù wéi dào bù yuǎn.

施诸己而不愿,亦勿施于人。

Shī zhū jǐ ér bú yuàn, yì wù shī yú rén.

The Doctrine of the Mean does not keep people away.

If one stays away from others while practicing it,

It is not the doctrine.

The virtuous always adopt different ways

to deal with different people.

So long as they correct their mistakes

and practice the doctrine,

Achieving loyalty and forgiveness,

It is not far from the doctrine.

Do not impose on others

what one does not want for themselves.

庸德之行，庸言之谨；

Yōng dé zhī xíng, yōng yán zhī jǐn;

有所不足，不敢不勉；

Yǒu suǒ bù zú, bù gǎn bù miǎn;

有余，不敢尽。

Yǒu yú, bù gǎn jìn.

言顾行，行顾言。

Yán gù xíng, xíng gù yán.

君子胡不慥慥尔。

Jūn zǐ hú bú zào zào ěr.

Practice virtue every day and be cautious in daily speech.

If there are deficiencies in the practice, work harder.

Dare not speak recklessly or without scruples.

Words must be in accord with the actions,

Actions must be in accord with the words.

How can such a virtuous person,

Be disloyal and dishonest?

中庸·第十四章
Doctrine of the Mean: Chapter 14

君子素其位而行，不愿乎其外。

Jūn zǐ sù qí wèi ér xíng, bú yuàn hū qí wài.

素富贵，行乎富贵；

Sù fù guì, xíng hū fù guì;

素贫贱，行乎贫贱；

Sù pín jiàn, xíng hū pín jiàn;

素夷狄，行乎夷狄；

Sù yí dí, xíng hū yí dí;

素患难，行乎患难。

Sù huàn nàn, xíng hū huàn nàn.

君子无入而不自得焉。

Jūn zǐ wú rù ér bú zì dé yān.

The virtuous are content with their status,

And they work without wishful thinking.

In a rich position, do what a rich person should do.

In a poor situation, do what a poor person should do.

In a barbarian place, learn to think in their way.

In adversity, do what a person should do in adversity.

The virtuous are content with whatever the situation is.

在上位，不陵下；

Zài shàng wèi, bù líng xià;

在下位，不援上；

Zài xià wèi, bù yuán shàng;

正己而不求于人则无怨。

Zhèng jǐ ér bù qiú yú rén zé wú yuàn.

上不怨天，下不尤人。

Shàng bú yuàn tiān, xià bù yóu rén.

If one is in a higher position,

Do not bully those who are lower.

If one is in a lower position,

Do not attempt to climb up higher.

Correct oneself and not demand others,

There will be no complaints.

Do not complain about heaven above,

Nor about the people below.

君子居易以俟命，小人行险以徼幸。

Jūn zǐ jū yì yǐ sì mìng, xiǎo rén xíng xiǎn yǐ jiǎo xìng.

射有似乎君子。

Shè yǒu sì hū jūn zǐ.

失诸正鹄，反求诸其身。

Shī zhū zhèng hú, fǎn qiú zhū qí shēn.

The virtuous wait calmly for the right time,
The villainous risk what they do not deserve.
The virtuous conduct themselves like archery.
They do not blame the target if they miss a shot,
But blame themselves for not being good at archery.

中庸·第十五章
Doctrine of the Mean: Chapter 15

君子之道，

Jūn zǐ zhī dào,

辟如行远必自迩，

Pì rú xíng yuǎn bì zì ěr,

辟如登高必自卑。

Pì rú dēng gāo bì zì bēi.

The virtuous practice the *Doctrine of the Mean*,
Like walking far away that one must start from the near,
Like climbing a hill that one must start from a low place.

中庸•第十六章

Doctrine of the Mean: Chapter 16

鬼神之为德，其盛矣乎。

Guǐ shén zhī wéi dé, qí shèng yǐ hū.

视之而弗见；听之而弗闻；

Shì zhī ér fú jiàn; tīng zhī ér fú wén;

体物而不可遗。

Tǐ wù ér bù kě yí.

使天下之人，齐明盛服，以承祭祀，

Shǐ tiān xià zhī rén, qí míng shèng fú, yǐ chéng jì sì,

洋洋乎如在其上，如在其左右。

Yáng yáng hū rú zài qí shàng, rú zài qí zuǒ yòu.

The virtue of the deities is great.

No eye has seen; no ear has heard.

But it is manifested in all things,

Nothing can be separated from it.

People everywhere fast and purify their hearts,

They wear solemn and neat clothes to worship it.

It seems to be right above our heads, and right beside us.

中庸·第十七章

Doctrine of the Mean: Chapter 17

大德，必得其位，必得其禄，

Dà dé, bì dé qí wèi, bì dé qí lù,

必得其名，必得其寿。

Bì dé qí míng, bì dé qí shòu.

天之生物必因其材而笃焉。

Tiān zhī shēng wù bì yīn qí cái ér dǔ yān.

故栽者培之，倾者覆之。

Gù zāi zhě péi zhī, qīng zhě fù zhī.

大德者必受命。

Dà dé zhě bì shòu mìng.

People with high virtues will certainly obtain

Their deserved position, wealth, fame, and longevity.

Heaven creates and nourishes all things.

It must treat humans favorably according to their nature.

Those who are useful will be cultivated,

Those who are useless will be eliminated.

People with high virtues will certainly receive

Their mandate of heaven.

中庸•第十八章
Doctrine of the Mean: Chapter 18

无忧者，其惟文王乎！

Wú yōu zhě, qí wéi wén wáng hū!

以王季为父，以武王为子；

Yǐ wáng jì wéi fù, yǐ wǔ wáng wéi zǐ;

父作之，子述之。

Fù zuò zhī, zǐ shù zhī.

Among the ancient kings,
Only King Wen of Zhou was free from worries!
Because he had the brilliant King Ji as his father,
And the heroic King Wu as his son.
His father King Ji founded his career,
His son King Wu completed his work.

武王缵太王、王季、文王之绪，

Wǔ wáng zuǎn tài wáng, wáng jì, wén wáng zhī xù,

一戎衣而有天下，身不失天下之显名，

Yī róng yī ér yǒu tiān xià, shēn bù shī tiān xià zhī xiǎn míng,

尊为天子，富有四海之内，

Zūn wéi tiān zǐ, fù yǒu sì hǎi zhī nèi,

宗庙飨之，子孙保之。

Zōng miào xiǎng zhī, zǐ sūn bǎo zhī.

King Wu inherited the legacy of King Tai,

King Ji, and King Wen,

Destroyed the Shang dynasty and won the country.

King Wu conquered the superiors

from an inferior position.

He did not lose his reputation,

And was revered as the Son of Heaven.

He possessed all the wealth in the country,

Enjoyed continuous sacrifices in the ancestral temple

from his descendants for generations.

中庸·第十九章
Doctrine of the Mean: Chapter 19

夫孝者，善继人之志，

Fū xiào zhě, shàn jì rén zhī zhì

善述人之事者也。

Shàn shù rén zhī shì zhě yě.

春秋，修其祖庙，陈其宗器，

Chūn qiū, xiū qí zǔ miào, chén qí zōng qì,

设其裳衣，荐其时食。

Shè qí cháng yī, jiàn qí shí shí.

Filial children must be good at

Inheriting their ancestral behest.

They must also be good at

Continuing their ancestral unfinished work.

In spring and autumn times,

Renovate ancestral temples,

Display sacrificial utensils,

Take out ancestral clothes,

And offer sacrificial food.

中庸•第二十章

Doctrine of the Mean: Chapter 20

人道敏政，地道敏树。

Rén dào mǐn zhèng, dì dào mǐn shù.

夫政也者，蒲卢也。

Fū zhèng yě zhě, pú lú yě.

为政在人。取人以身。

Wéi zhèng zài rén. Qǔ rén yǐ shēn.

修身以道。修道以仁。

Xiū shēn yǐ dào. Xiū dào yǐ rén.

To know how well humanity is practiced,

Look at the state of politics.

To know how fertile the land is,

Look at the condition of trees.

Political affairs are like a reed.

To implement good governance,

One must appoint virtuous ministers.

To appoint virtuous ministers,

One must first cultivate themself.

To cultivate themself,

One must follow the *Doctrine of the Mean*.

To follow the *Doctrine of the Mean*,

One must start with benevolence.

仁者，人也，亲亲为大。

Rén zhě, rén yě, qīn qīn wéi dà.

义者，宜也，尊贤为大。

Yì zhě, yí yě, zūn xián wéi dà.

亲亲之杀，尊贤之等，礼所生也。

Qīn qīn zhī shā, zūn xián zhī děng, lǐ suǒ shēng yě.

Benevolence means loving people,
Loving one's relatives is the biggest benevolence.
Righteousness means doing everything properly,
Respecting sages is the greatest righteousness.
Some relatives are closer while others farther,
Some sages are wiser while others lesser,
It all comes from the rituals.

故君子，不可以不修身。

Gù jūn zǐ, bù kě yǐ bù xiū shēn.

思修身，不可以不事亲。

Sī xiū shēn, bù kě yǐ bú shì qīn.

思事亲，不可以不知人。

Sī shì qīn, bù kě yǐ bù zhī rén.

思知人，不可以不知天。

Sī zhī rén, bù kě yǐ bù zhī tiān.

The virtuous must pay attention to self-cultivation.

To cultivate oneself, they must serve their relatives.

To serve their relatives, one must understand others.

To understand others, one must know the law of nature.

天下之达道五，所以行之者三，

Tiān xià zhī dá dào wǔ, suǒ yǐ xíng zhī zhě sān,

君臣也、父子也、夫妇也、昆弟也、朋友之交也。

Jūn chén yě, fù zǐ yě, fū fù yě, kūn dì yě, péng yǒu zhī jiāo yě.

五者，天下之达道也。

Wǔ zhě, tiān xià zhī dá dào yě.

知、仁、勇三者，天下之达德也。

Zhì, rén, yǒng sān zhě, tiān xià zhī dá dé yě.

所以行之者一也。

Suǒ yǐ xíng zhī zhě yī yě.

There are five ways to reach the Dao,

And three virtues to practice in the world:

Interactions between

Monarch-minister, father-son, husband-wife,

Siblings, and friends.

Handling well these five relationships,

One can reach the great Dao.

Wisdom, benevolence, and courage,

There are three great virtues in the world.

The principles of reaching the Dao,

And practicing the virtues are the same.

或生而知之；或学而知之；

Huò shēng ér zhī zhī; huò xué ér zhī zhī;

或困而知之：及其知之，一也。

Huò kùn ér zhī zhī: Jí qí zhī zhī, yī yě.

或安而行之；或利而行之；

Huò ān ér xíng zhī; huò lì ér xíng zhī;

或勉强而行之：及其成功，一也。

Huò miǎn qiáng ér xíng zhī: Jí qí chéng gōng, yī yě.

Some people are born with innate knowledge.

Some obtained it afterwards.

Some learned it after encountering problems.

If all have gained it eventually, the result is the same.

Some practice the *Doctrine of the Mean* voluntarily.

Some practice it for benefits.

Some are reluctant to practice it.

If all have practiced it, the outcome is the same.

好学近乎知。力行近乎仁。知耻近乎勇。

Hào xué jìn hū zhī. Lì xíng jìn hū rén. Zhī chǐ jìn hū yǒng.

知斯三者，则知所以修身。

Zhī sī sān zhě, zé zhī suǒ yǐ xiū shēn.

知所以修身，则知所以治人。

Zhī suǒ yǐ xiū shēn, zé zhī suǒ yǐ zhì rén.

知所以治人，则知所以治天下国家矣。

Zhī suǒ yǐ zhì rén, zé zhī suǒ yǐ zhì tiān xià guó jiā yǐ.

Enjoying learning is close to wisdom.

Practicing knowledge is close to benevolence.

Knowing shame is close to courage.

Knowing these three things is self-cultivation.

Knowing self-cultivation can manage others.

Knowing others can govern the country.

凡为天下国家有九经，

Fán wéi tiān xià guó jiā yǒu jiǔ jīng,

修身也、尊贤也、

Xiū shēn yě, zūn xián yě,

亲亲也、敬大臣也、

Qīn qīn yě, jìng dà chén yě,

体群臣也、子庶民也、

Tǐ qún chén yě, zǐ shù mín yě,

来百工也、柔远人也、

Lái bǎi gōng yě, róu yuǎn rén yě,

怀诸侯也。

Huái zhū hóu yě.

Nine general principles in governing the country:

Cultivate oneself, respect sages,

Love one's relatives, honor the ministers,

Sympathize with the officials, cherish the people,

Recruit craftsmen, accommodate distant guests,

And pacify the state.

修身，则道立。尊贤，则不惑。

Xiū shēn, zé dào lì. Zūn xián, zé bú huò.

亲亲，则诸父昆弟不怨。

Qīn qīn, zé zhū fù kūn dì bú yuàn.

敬大臣，则不眩。

Jìng dà chén, zé bú xuàn.

体群臣，则士之报礼重。

Tǐ qún chén, zé shì zhī bào lǐ zhòng.

子庶民，则百姓劝。来百工，则财用足。

Zǐ shù mín, zé bǎi xìng quàn. Lái bǎi gōng, zé cái yòng zú.

柔远人，则四方归之。怀诸侯，则天下畏之。

Róu yuǎn rén, zé sì fāng guī zhī. Huái zhū hóu, zé tiān xià wèi zhī.

Self-cultivation will establish the correct path.
Respecting sages will not confuse the mind.
Loving relatives will not cause resentment
from paternal uncles or brothers.
Respecting ministers will not cause panic
when encountering problems.
Showing sympathy to ministers,
They will do their best to repay the government.
Cherishing people, they will strive to produce.
Recruiting craftsmen, wealth will be abundant.
Accommodating distant guests, the people will surrender.
Pacifying the state, the world will revere the monarch.

齐明盛服，非礼不动：所以修身也。

Qí míng shèng fú, fēi lǐ bú dòng: Suǒ yǐ xiū shēn yě.

去谗远色，贱货而贵德，所以劝贤也。

Qù chán yuǎn sè, jiàn huò ér guì dé, suǒ yǐ quàn xián yě.

尊其位，重其禄，同其好恶，所以劝亲亲也。

Zūn qí wèi, zhòng qí lù, tóng qí hào wù, suǒ yǐ quàn qīn qīn yě.

官盛任使，所以劝大臣也。

Guān shèng rèn shǐ, suǒ yǐ quàn dà chén yě.

忠信重禄，所以劝士也。

Zhōng xìn zhòng lù, suǒ yǐ quàn shì yě.

Clean the mind, dress dignifiedly,

Do things according to etiquette,

This is self-cultivation.

End calumny, stay away from women,

Detest goods and value virtue,

This is honoring sages.

Raise their status and salary,

Match their likes and dislikes,

This is loving relatives.

Let many scholar officials at their disposal,

This is respecting ministers.

Appoint them sincerely and offer high salary,

This shows compassion for scholars.

时使薄敛，所以劝百姓也。

Shí shǐ bó liǎn, suǒ yǐ quàn bǎi xìng yě.

日省月试，既廪称事，所以劝百工也。

Rì xǐng yuè shì, jì lǐn chēng shì, suǒ yǐ quàn bǎi gōng yě.

送往迎来，嘉善而矜不能所以柔远人也。

Sòng wǎng yíng lái, jiā shàn ér jīn bù néng suǒ yǐ róu yuǎn rén yě.

继绝世，举废国，治乱持危，

Jì jué shì, jǔ fèi guó, zhì luàn chí wēi,

朝聘以时，厚往而薄来，所以怀诸侯也。

Cháo pìn yǐ shí, hòu wǎng ér bó lái, suǒ yǐ huái zhū hóu yě.

Applying civil service

to save farming time and reduce taxes,

This is cherishing the people.

Inspect and assess often,

Pay them according to their work,

This is recruiting craftsmen.

Welcome them when they come,

Say farewell when they leave,

Reward the talented, help the incapable,

This is accommodating distant guests.

Raise childless families,

Revive the crumbling country,

Manage disasters, solve the crisis,

Attend civil meetings timely,

Give tribute generously,

This is pacifying the state.

凡事，豫则立，不豫则废。

Fán shì, yù zé lì, bú yù zé fèi.

言前定，则不跲。

Yán qián dìng, zé bù jiá.

事前定，则不困。

Shì qián dìng, zé bú kùn.

行前定，则不疚。

Xíng qián dìng, zé bú jiù.

道前定，则不穷。

Dào qián dìng, zé bù qióng.

Prepare in advance, one will succeed; if not, fail.

Prepare to speak, one will not be interrupted.

Prepare to do it, one will not be frustrated.

Prepare to act on it, one will not regret it.

Preselect a path, one will find ways to it.

在下位不获乎上，民不可得而治矣。

Zài xià wèi bú huò hū shàng, mín bù kě dé ér zhì yǐ.

获乎上有道：不信乎朋友，不获乎上矣。

Huò hū shàng yǒu dào: Bú xìn hū péng yǒu, bú huò hū shàng yǐ.

信乎朋友有道：不顺乎亲，不信乎朋友矣。

Xìn hū péng yǒu yǒu dào: Bú shùn hū qīn, bú xìn hū péng yǒu yǐ.

顺乎亲有道：反诸身不诚，不顺乎亲矣。

Shùn hū qīn yǒu dào: Fǎn zhū shēn bù chéng, bú shùn hū qīn yǐ.

诚身有道：不明乎善，不诚乎身矣。

Chéng shēn yǒu dào: Bù míng hū shàn, bù chéng hū shēn yǐ.

If one is in an inferior position,

And cannot gain trust from superiors,

They cannot manage common people.

A way to gain trust from superiors,

It is to gain trust from friends.

A way to gain trust from friends,

It is to be filial to parents.

A way to be filial to parents,

It is to be sincere.

A way to be sincere,

It is to know kindness.

诚者，天之道也。

Chéng zhě, tiān zhī dào yě.

诚之者，人之道也。

Chéng zhī zhě, rén zhī dào yě.

诚者，不勉而中不思而得：

Chéng zhě, bù miǎn ér zhōng bù sī ér dé:

从容中道，圣人也。

Cóng róng zhōng dào, shèng rén yě.

诚之者，择善而固执之者也。

Chéng zhī zhě, zé shàn ér gù zhí zhī zhě yě.

Sincerity is the principle of heaven.

The pursuit of sincerity is the principle of humanity.

Those who are born with sincerity,

Can do it effortlessly without thinking,

Those who naturally conform to heaven are sages.

To be sincere, one must choose a good goal

And pursue it persistently.

博学之，审问之，

Bó xué zhī, shěn wèn zhī,

慎思之，明辨之，

Shèn sī zhī, míng biàn zhī,

笃行之。

Dǔ xíng zhī.

果能此道矣，

Guǒ néng cǐ dào yǐ,

虽愚必明，虽柔必强。

Suī yú bì míng, suī róu bì qiáng.

Study extensively, ask thoroughly,

Think carefully, distinguish clearly,

And implement it earnestly.

If one can do these,

They will be bright even if born clumsy,

They will be strong even if born weak.

有弗学，学之弗能，弗措也。

Yǒu fú xué, xué zhī fú néng, fú cuò yě.

有弗问，问之弗知，弗措也。

Yǒu fú wèn, wèn zhī fú zhī, fú cuò yě.

有弗思，思之弗得，弗措也。

Yǒu fú sī, sī zhī fú dé, fú cuò yě.

有弗辨，辨之弗明，弗措也。

Yǒu fú biàn, biàn zhī fú míng, fú cuò yě.

有弗行，行之弗笃，弗措也。

Yǒu fú xíng, xíng zhī fú dǔ, fú cuò yě.

人一能之，己百之。

Rén yì néng zhī, jǐ bǎi zhī.

人十能之，己千之。

Rén shí néng zhī, jǐ qiān zhī.

If one wants to learn something,

But they have not grasped it, never give up.

If one wants to ask about something,

But they have not understood it, never give up.

If one wants to think about something,

But they have not figured it out, never give up.

If one wants to distinguish something,

But they have not cleared it up, never give up.

If one wants to implement something,

But they have not worked it out, never give up.

Others can do it with one percent effort.

I will do it with one hundred percent effort.

Others can do it with ten percent effort.

I will do it with one thousand efforts.

中庸•第二十一章

Doctrine of the Mean: Chapter 21

自诚明，谓之性；

Zì chéng míng, wèi zhī xìng;

自明诚，谓之教。

Zì míng chéng, wèi zhī jiào.

诚则明矣；明则诚矣。

Chéng zé míng yǐ; míng zé chéng yǐ.

Understanding the truth naturally from a sincere heart,

This is called inborn nature.

The sincerity that arises from understanding the truth,

It is called enlightenment.

Being sincere one can know the truth,

Knowing the truth one can be sincere.

中庸·第二十二章
Doctrine of the Mean: Chapter 22

唯天下至诚，为能尽其性；
Wéi tiān xià zhì chéng, wéi néng jìn qí xìng;
能尽其性，则能尽人之性；
Néng jìn qí xìng, zé néng jìn rén zhī xìng;
能尽人之性，则能尽物之性；
Néng jìn rén zhī xìng, zé néng jìn wù zhī xìng;
能尽物之性，则可以赞天地之化育；
Néng jìn wù zhī xìng, zé kě yǐ zàn tiān dì zhī huà yù;
可以赞天地之化育，则可以与天地参矣。
Kě yǐ zàn tiān dì zhī huà yù, zé kě yǐ yǔ tiān dì cān yǐ.

Only the sincerest people in the world,
Can fully express their inborn nature.
Those who can express their inborn nature,
Can let everyone express their inborn nature.
Those who can let everyone express their nature,
Can let everything express their inborn nature.
Those who can let everything express their nature,
Can help the world nourish lives.
Those who can help the world nourish lives,
Can stand side by side with heaven and earth.

中庸•第二十三章
Doctrine of the Mean: Chapter 23

其次致曲。曲能有诚。

Qí cì zhì qū. Qū néng yǒu chéng.

诚则形。形则著。

Chéng zé xíng. Xíng zé zhù.

著则明。明则动。

Zhù zé míng. Míng zé dòng.

动则变。变则化。

Dòng zé biàn. Biàn zé huà.

唯天下至诚为能化。

Wéi tiān xià zhì chéng wéi néng huà.

The virtuous can achieve sincerity

by working on the subtleties.

After sincerity is expressed,

It will become more obvious.

After becoming obvious,

It will be extended and move others.

After moving others,

It will bring transformations and nourish all things.

Only the sincerest people in the world

Can nourish all things.

中庸·第二十四章
Doctrine of the Mean: Chapter 24

至诚之道可以前知。

Zhì chéng zhī dào kě yǐ qián zhī.

国家将兴，必有祯祥；

Guó jiā jiāng xīng, bì yǒu zhēn xiáng;

国家将亡，必有妖孽。

Guó jiā jiāng wáng, bì yǒu yāo niè.

见乎蓍龟，动乎四体。

Jiàn hū shī guī, dòng hū sì tǐ.

祸福将至，善必先知之；

Huò fú jiāng zhì, shàn bì xiān zhī zhī;

不善，必先知之。故至诚如神。

Bú shàn, bì xiān zhī zhī. Gù zhì chéng rú shén.

After achieving perfect sincerity,

One can predict the future.

When a country prospers,

There must be auspicious signs.

When a country declines,

There must be inauspicious omens.

These can be seen in yarrow and tortoise shells,

Manifested in bodily movements.

When calamity or blessings come,

Good fortune can be predicted in advance.

Misfortune can also be known ahead.

So, perfect sincerity is as subtle as spirit.

中庸·第二十五章
Doctrine of the Mean: Chapter 25

诚者自成也，而道自道也。

Chéng zhě zì chéng yě, ér dào zì dào yě.

诚者，物之终始，不诚无物。

Chéng zhě, wù zhī zhōng shǐ, bù chéng wú wù.

是故君子诚之为贵。

Shì gù jūn zǐ chéng zhī wéi guì.

Sincerity is improving oneself.
The Dao is leading itself.
Sincerity is the beginning and the end of all things,
Without sincerity, there would be nothing.
Therefore, the virtuous value sincerity.

诚者，非自成己而已也。所以成物也。

Chéng zhě, fēi zì chéng jǐ ér yǐ yě. Suǒ yǐ chéng wù yě.

成己仁也。成物知也。

Chéng jǐ rén yě. Chéng wù zhī yě.

性之德也，合外内之道也。

Xìng zhī dé yě, hé wài nèi zhī dào yě.

故时措之宜也。

Gù shí cuò zhī yí yě.

Sincerity is not enough to just improve oneself,

But to improve all things.

Self-improvement is benevolence,

Improvement of others is wisdom.

Benevolence and wisdom

Are inherent virtues in people's nature.

Their combination is the principle

For internal and external things.

Therefore, it is appropriate to implement them

At any time.

中庸·第二十六章
Doctrine of the Mean: Chapter 26

至诚无息。

Zhì chéng wú xī.

不息则久，久则征。

Bù xī zé jiǔ, jiǔ zé zhēng.

征则悠远。

Zhēng zé yōu yuǎn.

悠远，则博厚。

Yōu yuǎn, zé bó hòu.

博厚，则高明。

Bó hòu, zé gāo míng.

Perfect sincerity will not stop.
Being non-stop will last long,
Being long-lasting will be visible.
Being visible will spread abroad.
Spreading abroad will be profound.
Being profound will be bright.

博厚，所以载物也。

Bó hòu, suǒ yǐ zài wù yě.

高明，所以覆物也。悠久，所以成物也。

Gāo míng, suǒ yǐ fù wù yě. Yōu jiǔ, suǒ yǐ chéng wù yě.

博厚，配地。高明，配天。悠久，无疆。

Bó hòu, pèi dì. Gāo míng, pèi tiān. Yōu jiǔ, wú jiāng.

如此者，不见而章，不动而变，无为而成。

Rú cǐ zhě, bú jiàn ér zhāng, bú dòng ér biàn, wú wéi ér chéng.

Being broad and deep can carry all things.

Being high and bright can cover all things.

Being long-lasting can generate all things.

Broadness and depth can match the earth.

Highness and brightness can match heaven.

Long length can be endless and infinite.

Reaching this state, it will be visible without light,

Change without motion, achieve without action.

天地之道，可一言而尽也。

Tiān dì zhī dào, kě yì yán ér jìn yě.

其为物不贰，则其生物不测。

Qí wéi wù bú èr, zé qí shēng wù bú cè.

天地之道，博也、厚也、高也、明也、悠也、久也。

Tiān dì zhī dào, bó yě, hòu yě, gāo yě, míng yě, yōu yě, jiǔ yě.

The way of heaven and earth

Can be summed up in one word: "sincerity."

Sincerity is single-mindedness and wholeheartedness.

Thus, heaven and earth can give birth to all things.

The way of heaven and earth is broad, deep,

High, bright, long, and distant.

今夫天，斯昭昭之多，及其无穷也，

Jīn fū tiān, sī zhāo zhāo zhī duō, jí qí wú qióng yě,

日月星辰系焉，万物覆焉。

Rì yuè xīng chén xì yān, wàn wù fù yān.

今夫地，一撮土之多，及其广厚载华岳而不重，

Jīn fū dì, yì cuō tǔ zhī duō, jí qí guǎng hòu zài huá yuè ér bú zhòng,

振河海而不泄，万物载焉。

Zhèn hé hǎi ér bú xiè, wàn wù zài yān.

The heaven we discussed today was originally

The accumulation of bits and pieces of light.

When it is boundless and infinite, the sun, the moon,

The stars are all maintained by it,

And everything in the world is covered by it.

The earth we discussed today was originally

The accumulation of handfuls of soil.

When it is broad and deep, it does not feel heavy

To carry mountains like Mount Hua.

The rivers, lakes, and seas it contains will not leak,

And everything in the world is carried by it.

今夫山，一拳石之多，及其广大，

Jīn fū shān, yì quán shí zhī duō, jí qí guǎng dà,

草木生之，禽兽居之，宝藏兴焉。

Cǎo mù shēng zhī, qín shòu jū zhī, bǎo zàng xīng yān.

今夫水，一勺之多，及其不测，

Jīn fū shuǐ, yì sháo zhī duō, jí qí bú cè,

鼋、鼍、蛟、龙、鱼、鳖生焉，货财殖焉。

Yuán, tuó, jiāo, lóng, yú, biē shēng yān, huò cái zhí yān.

The mountains we discussed today were originally

The accumulation of fist-sized stones.

When they are extremely large and high,

Grass and trees grow on them,

Animals live on them,

And treasures are stored on them.

The water we discussed today was originally

The accumulation of spoonful drops.

When it is vast and boundless,

Dragons, fish, and turtles grow in it,

Pearls, corals, and valuables are bred in it.

中庸•第二十七章
Doctrine of the Mean: Chapter 27

大哉圣人之道！

Dà zāi shèng rén zhī dào!

洋洋乎，发育万物，峻极于天。

Yáng yáng hū, fā yù wàn wù, jùn jí yú tiān.

优优大哉，礼仪三百威仪三千。

Yōu yōu dà zāi, lǐ yí sān bǎi wēi yí sān qiān.

待其人而后行。

Dài qí rén ér hòu xíng.

故曰：苟不至德，至道不凝焉。

Gù yuē: Gǒu bú zhì dé, zhì dào bù níng yān.

The Dao of Sages is great!
It is vast and boundless,
It gives birth to all things,
And it is as lofty as heaven.
Sufficient and abundant,
There are three hundred rituals,
And three thousand ceremonies,
All are to be practiced by the sages.
So, if one does not have perfect virtue,
They cannot succeed in the perfect Dao.

君子尊德性，而道问学，

Jūn zǐ zūn dé xìng, ér dào wèn xué,

致广大，而尽精微，

Zhì guǎng dà, ér jìn jīng wēi,

极高明，而道中庸。

Jí gāo míng, ér dào zhōng yōng.

温故而知新，敦厚以崇礼。

Wēn gù ér zhī xīn, dūn hòu yǐ chóng lǐ.

The virtuous respect ethics,
While focusing on learning the Dao,
They can reach a broad realm,
But also delve into fine details,
They are extremely bright,
And pursue the *Doctrine of the Mean*.
They review what has been learned,
to gain new insights.
They are simple and honest,
Yet they advocate rituals.

居上不骄，为下不倍。

Jū shàng bù jiāo, wéi xià bú bèi

国有道，其言足以兴；

Guó yǒu dào, qí yán zú yǐ xīng;

国无道，其默足以容。

Guó wú dào, qí mò zú yǐ róng

诗曰：既明且哲，以保其身。

Shī yuē: Jì míng qiě zhé, yǐ bǎo qí shēn.

其此之谓与？

Qí cǐ zhī wèi yǔ?

Being humble in a high position,

No self-abandonment in a low position.

When the country is at peace,

Their words are enough to revive the country.

When the country is in turmoil,

Their silence is enough to keep them safe.

The Classic of Poetry says:

"The bright and wise can protect themselves."

Is that what it is?

中庸•第二十八章

Doctrine of the Mean: Chapter 28

非天子不议礼，

Fēi tiān zǐ bú yì lǐ,

不制度，不考文。

Bú zhì dù, bù kǎo wén.

今天下，车同轨，

Jīn tiān xià, chē tóng guǐ,

书同文，行同伦。

Shū tóng wén, xíng tóng lún.

If one is not the monarch, do not discuss rituals,
Do not make laws, do not formulate text norms.
Now the world is interconnected by the ruts,
Texts are standardized; code of conduct is unified.

虽有其位，苟无其德，

Suī yǒu qí wèi, gǒu wú qí dé,

不敢作礼乐焉。

Bù gǎn zuò lǐ yuè yān.

虽有其德，苟无其位，

Suī yǒu qí dé, gǒu wú qí wèi,

亦不敢作礼乐焉。

Yì bù gǎn zuò lǐ yuè yān.

Although one has the status of a monarch,

If they do not have the virtue of a monarch,

They dare not create ritual or music systems.

Although one has the virtue of a monarch,

If they do not have the status of a monarch,

They also dare not create ritual or music systems.

中庸·第二十九章
Doctrine of the Mean: Chapter 29

王天下有三重焉，其寡过矣乎！

Wáng tiān xià yǒu sān chóng yān, qí guǎ guò yǐ hū!

上焉者虽善，无征。

Shàng yān zhě suī shàn, wú zhēng.

无征，不信。

Wú zhēng, bú xìn.

不信，民弗从。

Bú xìn, mín fú cóng.

下焉者虽善，不尊。

Xià yān zhě suī shàn, bù zūn.

不尊，不信。

Bù zūn, bú xìn.

不信，民弗从。

Bú xìn, mín fú cóng.

Governing the country has three important things:

Discussing Rituals, Making Laws,

And Formulating Text Norms.

Although the people in high positions do good,

If they do not have political achievements,

People are not convinced.

If the common people are not convinced,

They will not obey.

Although the people in low positions do good,

If they do not have dignified status,

People are not convinced,

If the common people are not convinced,

They will not obey.

君子之道，本诸身，征诸庶民。

Jūn zǐ zhī dào, běn zhū shēn, zhēng zhū shù mín.

考诸三王而不缪，建诸天地而不悖。

Kǎo zhū sān wáng ér bú miào, jiàn zhū tiān dì ér bú bèi.

质诸鬼神而无疑，知天也。

Zhì zhū guǐ shén ér wú yí, zhī tiān yě.

百世以俟圣人而不惑，知人也。

Bǎi shì yǐ sì shèng rén ér bú huò, zhī rén yě.

The virtuous take their moral behavior as the basis,

And get verification from the people.

Examine the three kings of Xia, Shang, and Zhou

Without feeling absurd,

Stand between heaven and earth

Without feeling contradictory.

No confusion after asking the deities,

It is knowing the way of heaven.

No confusion even if a sage appears

After one hundred generations,

It is knowing people.

君子动而世为天下道，

Jūn zǐ dòng ér shì wéi tiān xià dào,

行而世为天下法，

Xíng ér shì wéi tiān xià fǎ,

言而世为天下则。

Yán ér shì wéi tiān xià zé.

远之，则有望；近之，则不厌。

Yuǎn zhī, zé yǒu wàng; jìn zhī, zé bú yàn.

诗曰：在彼无恶，在此无射；

Shī yuē: Zài bǐ wú wù, zài cǐ wú yì;

庶几夙夜，以永终誉。

Shù jī sù yè, yǐ yǒng zhōng yù.

君子未有不如此，

Jūn zǐ wèi yǒu bù rú cǐ,

而蚤有誉于天下者也。

Ér zǎo yǒu yù yú tiān xià zhě yě.

The virtuous' actions can become the way of the world,
The virtuous' conduct can become the law of the world,
The virtuous' speech can become the norm of the world.
Their good reputation can reach far and be liked near.
The Classic of Poetry says:
"No one hates them here or there.
As they toil day and night to maintain their good name.
All virtuous people would do so to gain their fame."

中庸·第三十章
Doctrine of the Mean: Chapter 30

祖述尧舜，宪章文武。

Zǔ shù yáo shùn, xiàn zhāng wén wǔ.

上律天时，下袭水土。

Shàng lǜ tiān shí, xià xí shuǐ tǔ.

辟如天地之无不持载，无不覆帱。

Pì rú tiān dì zhī wú bù chí zǎi, wú bú fù dào.

辟如四时之错行，如日月之代明。

Pì rú sì shí zhī cuò xíng, rú rì yuè zhī dài míng.

Inherit the traditions of Yao and Shun,

Take King Wen (1152–1056 BCE),

And King Wu (1076–1043 BCE), as models.

Follow the movement of time,

And conform to the geography of land and water.

Be like heaven and earth,

That can cover and carry everything.

Be like the four seasons,

And the alternate light of the sun and moon.

万物并育而不相害。

Wàn wù bìng yù ér bù xiāng hài.

道并行而不相悖。

Dào bìng xíng ér bù xiāng bèi.

小德川流；大德敦化。

Xiǎo dé chuān liú; dà dé dūn huà.

此天地之所以为大也。

Cǐ tiān dì zhī suǒ yǐ wéi dà yě.

All things grow together

Without harming one another.

They follow their own paths

Without violating each other.

Small virtues flow like rivers,

Big virtues transform all things.

This is why heaven and earth are so great.

中庸·第三十一章
Doctrine of the Mean: Chapter 31

唯天下至圣，

Wéi tiān xià zhì shèng,

为能聪明睿知足以有临也；

Wéi néng cōng míng ruì zhì zú yǐ yǒu lín yě;

宽裕温柔足以有容也；

Kuān yù wēn róu zú yǐ yǒu róng yě;

发强刚毅、足以有执也；

Fā qiáng gāng yì, zú yǐ yǒu zhí yě;

齐庄中正足以有敬也；

Qí zhuāng zhōng zhèng zú yǐ yǒu jìng yě;

文理密察足以有别也。

Wén lǐ mì chá zú yǐ yǒu bié yě.

Only the ultimate sages are wise enough
to run the world in lofty positions.
They are generous, gentle, and supple enough
to tolerate everything.
They are diligent, strong, and determined enough
to decide major events.
They are majestic, dignified, loyal and upright enough
to win people's respect.
They are organized, careful, and discerning enough
to distinguish right from wrong.

溥博，渊泉，而时出之。

Pǔ bó, yuān quán, ér shí chū zhī.

溥博如天，渊泉如渊。

Pǔ bó rú tiān, yuān quán rú yuān.

见而民莫不敬，

Xiàn ér mín mò bú jìng,

言而民莫不信，

Yán ér mín mò bú xìn,

行而民莫不说。

Xíng ér mín mò bú yuè.

Sage virtues are as vast as spring,

Gushing out all the time.

Their virtues are as broad as the sky,

And as deep as the abyss.

When manifested in their appearance,

Everyone admires it.

When manifested in their speech,

Everyone is convinced.

When manifested in their action,

Everyone is satisfied.

声名洋溢乎中国，施及蛮貊。

Shēng míng yáng yì hū zhōng guó, yì jí mán mò.

舟车所至，人力所通，

Zhōu jū suǒ zhì, rén lì suǒ tōng,

天之所覆，地之所载，

Tiān zhī suǒ fù, dì zhī suǒ zǎi,

日月所照，霜露所队：

Rì yuè suǒ zhào, shuāng lù suǒ zhuì:

凡有血气者莫不尊亲，

Fán yǒu xuè qì zhě mò bù zūn qīn,

故曰，"配天"。

Gù yuē, "pèi tiān."

Sage good reputation can spread in China,
And to tribal areas.
Where boats, vehicles, and people can reach,
Where heaven can cover, and earth can carry,
Where the sun shines, the moon lights,
And frost and dew fall.
All human beings respect and admire them,
Therefore, sage virtues can match heaven.

中庸•第三十二章
Doctrine of the Mean: Chapter 32

唯天下至诚，

Wéi tiān xià zhì chéng,

为能经纶天下之大经，

Wéi néng jīng lún tiān xià zhī dà jīng,

立天下之大本，

Lì tiān xià zhī dà běn,

知天地之化育。

Zhī tiān dì zhī huà yù.

夫焉有所倚？

Fū yān yǒu suǒ yǐ?

Only with perfect sincerity to the people in the world,

Can one become a lofty example of ruling the world,

Establish the fundamental laws of the world,

Know the true transformation of all things under heaven.

What is the basis for this?

肫肫其仁！

Zhūn zhūn qí rén!

渊渊其渊！

Yuān yuān qí yuān!

浩浩其天！

Hào hào qí tiān!

苟不固聪明圣知,

Gǒu bú gù cōng míng shèng zhī,

达天德者,

Dá tiān dé zhě,

其孰能知之?

Qí shú néng zhī zhī?

Sage kindness is sincere benevolence!
Their mind is as deep as the abyss!
Their virtue is as broad as the sky!
If they are not bright or wise,
Who can acquire heavenly virtue,
Who can know the perfect sincerity?

中庸•第三十三章

Doctrine of the Mean: Chapter 33

君子之道，暗然而日章；

Jūn zǐ zhī dào, àn rán ér rì zhāng;

小人之道，明然而日亡。

Xiǎo rén zhī dào, míng rán ér rì wáng.

君子之道，淡而不厌、简而文、温而理。

Jūn zǐ zhī dào, dàn ér bú yàn, jiǎn ér wén, wēn ér lǐ.

知远之近，知风之自，知微之显。

Zhī yuǎn zhī jìn, zhī fēng zhī zì, zhī wēi zhī xiǎn.

可与入德矣。

Kě yǔ rù dé yǐ.

The virtuous way is deeply hidden,

But it becomes obvious day by day.

The villainous way is fully revealed,

But it is disappearing day by day.

The virtuous way is plain but tireless,

Simple but refined, gentle but orderly.

It knows the truth that going far must start from near,

It knows the assumption that the wind has its source,

It knows the principle that the small will be revealed.

As such, one can enter the realm of virtue.

诗云：潜虽伏矣，亦孔之昭。

Shī yún: Qián suī fú yǐ, yì kǒng zhī zhāo.

故君子内省不疚，无恶于志。

Gù jūn zǐ nèi xǐng bú jiù, wú è yú zhì.

君子之所不可及者，

Jūn zǐ zhī suǒ bù kě jí zhě,

其唯人之所不见乎。

Qí wéi rén zhī suǒ bú jiàn hū.

The Classic of Poetry says:

Although deeply hidden, it is still clearly visible.

So, the virtuous do not feel guilty

when examining their thoughts,

They have no evil aspirations in their minds.

The reason why the virtuous are higher than the ordinary,

It is probably in these invisible places.

诗云：相在尔室，尚不愧于屋漏。

Shī yún: Xiāng zài ěr shì, shàng bú kuì yú wū lòu.

故君子不动而敬，不言而信。

Gù jūn zǐ bú dòng ér jìng, bù yán ér xìn.

The Classic of Poetry says:

When you are alone in a room,

You still feel no guilt facing heaven.

So, the virtuous can show respect,

Even when they are doing nothing,

They are faithful and honest to others,

Even when they say nothing.

诗曰：奏假无言，时靡有争。

Shī yuē: Zòu jiǎ wú yán, shí mí yǒu zhēng.

是故君子不赏而民劝，

Shì gù jūn zǐ bù shǎng ér mín quàn,

不怒而民威于鈇钺。

Bú nù ér mín wēi yú fū yuè.

The Classic of Poetry says:

Pray silently, there will be no more disputes.

So, the virtuous do not need to offer reward,

The commoners will encourage one another.

The virtuous are not even getting angry,

The commoners will be awed as if seeing axes.

诗曰：不显惟德，百辟其刑之。

Shī yuē: Bù xiǎn wéi dé, bǎi pì qí xíng zhī.

是故君子笃恭而天下平。

Shì gù jūn zǐ dǔ gōng ér tiān xià píng.

The Classic of Poetry says:

Greatly promote good virtues,

All the princes and officials will follow.

So, the virtuous can pacify the world,

By being sincere and respectful.

诗云：予怀明德，不大声以色。

Shī yún: Yǔ huái míng dé, bú dà shēng yǐ sè.

子曰：声色之于以化民，末也。

Zǐ yuē: Shēng sè zhī yú yǐ huà mín, mò yě.

The Classic of Poetry says:

I have a bright character,

No need to raise my voice to intimidate others.

Confucius said:

To educate people with harsh voices and words,

It is the worst behavior.

诗曰：德輶如毛。

Shī yuē: Dé yóu rú máo.

毛犹有伦。

Máo yóu yǒu lún.

上天之载，无声无臭。

Shàng tiān zhī zài, wú shēng wú xiù.

至矣。

Zhì yǐ.

The Classic of Poetry says:

Virtue is as light as a feather.

A feather is still comparable.

What heaven conveys has neither sound nor smell.

This is the highest state.

第三部：大学（节选）
Part 3: Great Learning (Excerpt)

Introduction

Great Learning (*Daxue*) was originally the 42nd chapter of the *Book of Rites* (*Li Ji*), a Confucian work during the Qin (221–206 BCE) and Han (206 BCE–220 CE) dynasties. Some scholars consider it was compiled by Zengzi (505–435 BCE). *Great Learning* proposes three principles of being virtuous, being cordial to ordinary people, and offering great kindness. It also suggests eight rules of examining things, gaining knowledge, being sincere, righteousness, self-cultivation, filial piety, governing the country, and pacifying the world. The two brothers, Cheng Hao (1032–1085) and Cheng Yi (1033–1107) in the Song dynasty extricated the text from the *Book of Rites* (*Li Ji*) and combined it with the *Analects* (*Lunyu*), *Doctrine of the Mean* (*Zhongyong*), and *Mencius* (*Mengzi*) to form the "Four Books" (*Si Shu*) that are core works of Confucianism. In the Southern Song dynasty (1127–1279), Zhu Xi (1130–1200) wrote the *Annotations of the Four Books* (*Si Shu Ji Zhu*). Part 3 contains over 80 key passages extracted from the popular edition of the 11 chapters of *Great Learning*, grouped and arranged in poetry format by the translator according to their order of appearance and meanings, which have generated fresh and new insight.

大学•第一章
Great Learning: Chapter 1

大学之道，在明明德，

Dà xué zhī dào, zài míng míng dé,

在亲民，在止于至善。

Zài qīn mín, zài zhǐ yú zhì shàn.

The purpose of great learning,

It is to demonstrate bright virtue.

To improve one's morality,

And to promote oneself to others.

To reflect on and correct mistakes,

And to abandon evil and do good.

To enable the whole society,

To achieve a perfect state.

知止而后有定，定而后能静，

Zhī zhǐ ér hòu yǒu dìng, dìng ér hòu néng jìng,

静而后能安，安而后能虑，虑而后能得。

Jìng ér hòu néng ān, ān ér hòu néng lǜ, lǜ ér hòu néng dé.

物有本末，事有终始。

Wù yǒu běn mò, shì yǒu zhōng shǐ.

知所先后，则近道矣。

Zhī suǒ xiān hòu, zé jìn dào yǐ.

Knowing when to stop,

One can calm their heart,

Then tranquility will come.

Being tranquil,

One can be at peace with everything encountered.

Being at peace,

One can deal with things carefully and thoughtfully.

Being careful and thoughtful,

One can obtain a state of perfect kindness.

Everything has a root and a branch,

And a beginning and an end.

Knowing this truth,

One can understand the way things develop.

古之欲明明德于天下者，先治其国；

Gǔ zhī yù míng míng dé yú tiān xià zhě, xiān zhì qí guó;

欲治其国者，先齐其家；

Yù zhì qí guó zhě, xiān qí qí jiā;

欲齐其家者，先修其身；

Yù qí qí jiā zhě, xiān xiū qí shēn;

欲修其身者，先正其心；

Yù xiū qí shēn zhě, xiān zhèng qí xīn;

欲正其心者，先诚其意；

Yù zhèng qí xīn zhě, xiān chéng qí yì;

欲诚其意者，先致其知。

Yù chéng qí yì zhě, xiān zhì qí zhī.

The ancients who wanted to promote bright virtue,

Must first govern their country well.

To govern their country well,

They must first manage their family and clan well.

To manage their family and clan well,

They must first cultivate their character.

To cultivate their character,

They must first correct their mind.

To correct their mind,

They must first make their thoughts sincere.

To make their thoughts sincere,

They must first gain knowledge.

致知在格物。

Zhì zhī zài gé wù.

物格而后知至，知至而后意诚，

Wù gé ér hòu zhī zhì, zhī zhì ér hòu yì chéng,

意诚而后心正，心正而后身修，

Yì chéng ér hòu xīn zhèng, xīn zhèng ér hòu shēn xiū,

身修而后家齐，

Shēn xiū ér hòu jiā qí,

家齐而后国治，

Jiā qí ér hòu guó zhì,

国治而后天下平。

Guó zhì ér hòu tiān xià píng.

自天子以至于庶人，一是皆以修身为本。

Zì tiān zǐ yǐ zhì yú shù rén, yī shì jiē yǐ xiū shēn wéi běn.

The method to acquire knowledge,

It is to study and understand things.

After understanding things,

One can gain knowledge.

After gaining knowledge,

One can be sincere.

After being sincere,

One can correct their mind.

After correcting their mind,

One can cultivate their character.

After cultivating their character,

One can manage their family and clan well.

After managing their family and clan well,

One can govern the country well.

After governing the country well,

The world can be pacified.

From the head of the state to ordinary people,

Everyone should take self-cultivation,

As the basic principle.

大学•第二章

Great Learning: Chapter 2

《康诰》曰：克明德。

"Kāng gào" yuē: Kè míng dé.

《大甲》曰：顾諟天之明命。

"Dà jiǎ" yuē: Gù shì tiān zhī míng mìng.

《帝典》曰：克明峻德。

"Dì diǎn" yuē: Kè míng jùn dé.

皆自明也。

Jiē zì míng yě.

The Book of Documents' Kang Gao Chapter says:
"Enlighten one's bright virtues."
Prince Tai Jia (d.1720 BCE) said:
"Never forget the bright nature endowed by heaven."
The Book of Documents' Emperor Yao Chapter says:
"Brighten brilliant and lofty virtues."
All these sayings endorse a clear and bright character.

大学·第三章
Great Learning: Chapter 3

汤之《盘铭》曰：

Tāng zhī "pán míng" yuē:

苟日新，日日新，又日新。

Gǒu rì xīn, rì rì xīn, yòu rì xīn.

《康诰》曰：作新民。

"Kāng gào" yuē: Zuò xīn mín.

《诗》曰：周虽旧邦，其命维新。

"Shī" yuē: Zhōu suī jiù bāng, qí mìng wéi xīn.

是故君子无所不用其极。

Shì gù jūn zǐ wú suǒ bú yòng qí jí.

Engraved on his bathtub,

King Tang of the Shang dynasty's motto reads:

"Renewed in a day, it must be renewed every day,

As the new must be renewed."

The Book of Documents' Kang Gao Chapter says:

"Encourage one to abandon the old and seek the new."

The Classic of Poetry says:

"Although the Zhou dynasty was an old state,

It was endowed with a new destiny."

So, the virtuous always pursue perfection,

In everything they do.

大学•第四章
Great Learning: Chapter 4

为人君，止于仁；

Wéi rén jūn, zhǐ yú rén;

为人臣，止于敬；

Wéi rén chén, zhǐ yú jìng;

为人子，止于孝；

Wéi rén zǐ, zhǐ yú xiào;

为人父，止于慈；

Wéi rén fù, zhǐ yú cí;

与国人交，止于信。

Yǔ guó rén jiāo, zhǐ yú xìn.

Being a monarch, one must be benevolent.

Being a minister, one must be respectful.

Being an offspring, one must be filial.

Being a parent, one must be affectionate.

Interacting with others, one must be faithful.

大学·第五章
Great Learning: Chapter 5

听讼，吾犹人也。

Tīng sòng, wú yóu rén yě.

必也使无讼乎！

Bì yě shǐ wú sòng hū!

无情者不得尽其辞。

Wú qíng zhě bù dé jìn qí cí.

大畏民志，此谓知本。

Dà wèi mín zhì, cǐ wèi zhī běn.

此谓知本，此谓知之至也。

Cǐ wèi zhī běn, cǐ wèi zhī zhī zhì yě.

When listening to lawsuits, I am the same as others.
The aim is to prevent such cases from happening again!
To make the ruthless fearful of using sweet words.
And to inspire awe, this is called grasping the basis,
Knowing the roots or obtaining perfect knowledge.

大学•第六章
Great Learning: Chapter 6

所谓致知在格物者,

Suǒ wèi zhì zhī zài gé wù zhě,

言欲致吾之知,

Yán yù zhì wú zhī zhī,

在即物而穷其理也。

Zài jí wù ér qióng qí lǐ yě.

盖人心之灵莫不有知,

Gài rén xīn zhī líng mò bù yǒu zhī,

而天下之物莫不有理,

Ér tiān xià zhī wù mò bù yǒu lǐ,

唯于理有未穷,故其知有不尽也。

Wéi yú lǐ yǒu wèi qióng, gù qí zhī yǒu bú jìn yě.

The professed:
"Knowledge is in the investigation of things,"
It is gaining deeper and higher understanding.
So, one must study the principles of things.
Human brain has the capacity to understand ideas,
And everything in the world has a principle.
But these principles have not been fully explored,
Knowledge seems to be incomplete and endless.

《大学》始教，必使学者即凡天下之物，

"Dà xué" shǐ jiào, bì shǐ xué zhě jí fán tiān xià zhī wù,

莫不因其已知之理而益穷之，以求至乎其极。

Mò bù yīn qí yǐ zhī zhī lǐ ér yì qióng zhī, yǐ qiú zhì hū qí jí.

至于用力之久，而一旦豁然贯通焉，

Zhì yú yòng lì zhī jiǔ, ér yí dàn huò rán guàn tōng yān,

则众物之表里精粗无不到，

Zé zhòng wù zhī biǎo lǐ jīng cū wú bú dào,

而吾心之全体大用无不明矣。

Ér wú xīn zhī quán tǐ dà yòng wú bù míng yǐ.

此谓物格，此谓知之至也。

Cǐ wèi wù gé, cǐ wèi zhī zhī zhì yě.

Great Learning teaches learners

To experience everything from the beginning.

With knowledge, humans should further investigate

The principle of everything.

After long-term efforts,

One day the principles will be suddenly revealed.

At that time, the interior and exterior of all things

Will be clearly seen.

And all the cognitive abilities of the human brain

Will be fully developed.

This means that all things will be explored,

And knowledge will be perfect.

大学•第七章
Great Learning: Chapter 7

所谓诚其意者，毋自欺也。

Suǒ wèi chéng qí yì zhě, wú zì qī yě.

如恶恶臭，如好好色，此之谓自谦。

Rú wù è xiù, rú hào hǎo sè, cǐ zhī wèi zì qiān.

故君子必慎其独也。

Gù jūn zǐ bì shèn qí dú yě.

小人闲居为不善，无所不至，

Xiǎo rén xián jū wéi bú shàn, wú suǒ bú zhì,

见君子而后厌然，掩其不善，而著其善。

Jiàn jūn zǐ ér hòu yàn rán, yǎn qí bú shàn, ér zhù qí shàn.

To make one's thoughts sincere is not to deceive oneself.
Just like hating filthy smells and liking beautiful girls,
One should be sincere to satisfy one's own heart.
The virtuous are very careful when being alone.
But the villainous will do all kinds of evil in private.
When seeing the virtuous, the villainous hide their evil,
But they brag about their good deeds.

人之视己，如见其肺肝然，

Rén zhī shì jǐ, rú jiàn qí fèi gān rán,

则何益矣。

Zé hé yì yǐ.

此谓诚于中，形于外，

Cǐ wèi chéng yú zhōng, xíng yú wài,

故君子必慎其独也。

Gù jūn zǐ bì shèn qí dú yě.

Others can see you through clearly,

As seeing your lungs and liver.

And there are no good cover-ups.

This is called the heart's letter can be read on the face.

Thus, the virtuous must be very careful when alone.

曾子曰：十目所视，十手所指，其严乎！

Zēng zǐ yuē: Shí mù suǒ shì, shí shǒu suǒ zhǐ, qí yán hū!

富润屋，德润身，心广体胖，

Fù rùn wū, dé rùn shēn, xīn guǎng tǐ pán,

故君子必诚其意。

Gù jūn zǐ bì chéng qí yì.

Zengzi (Zeng Shen, 505–435 BCE) said:

"Many eyes are watching you,

Many hands are pointing at you,

Aren't these frightening?"

Wealth can decorate a house.

Virtue can nourish the body and mind.

A broad mind will make the body healthy.

So, the virtuous make their thoughts sincere and honest.

大学•第八章
Great Learning: Chapter 8

所谓修身在正其心者，

Suǒ wèi xiū shēn zài zhèng qí xīn zhě,

身有所忿懥，则不得其正，

Shēn yǒu suǒ fèn zhì, zé bù dé qí zhèng,

有所恐惧，则不得其正，

Yǒu suǒ kǒng jù, zé bù dé qí zhèng,

有所好乐，则不得其正，

Yǒu suǒ hào lè, zé bù dé qí zhèng,

有所忧患，则不得其正。

Yǒu suǒ yōu huàn, zé bù dé qí zhèng.

Self-cultivation is in correcting one's mind.

When people have resentment and anger,

Their mind cannot be correct.

When people have fears,

Their mind cannot be correct.

When people enjoy pleasures,

Their mind cannot be correct.

When people have worries,

Their mind cannot be correct.

心不在焉，

Xīn bú zài yān,

视而不见，

Shì ér bú jiàn,

听而不闻，

Tīng ér bù wén,

食而不知其味。

Shí ér bù zhī qí wèi.

此谓修身在正其心。

Cǐ wèi xiū shēn zài zhèng qí xīn.

If one does not have a correct mind,
Although they are watching but cannot see anything,
Although they are listening but cannot hear anything,
Although they are eating but cannot taste anything.
So, self-cultivation must concentrate on mindfulness.

大学·第九章
Great Learning: Chapter 9

所谓齐其家在修其身者，人之其所亲爱而辟焉，

Suǒ wèi qí qí jiā zài xiū qí shēn zhě, rén zhī qí suǒ qīn ài ér pì yān,

之其所贱恶而辟焉，之其所畏敬而辟焉，

Zhī qí suǒ jiàn è ér pì yān, zhī qí suǒ wèi jìng ér pì yān,

之其所哀矜而辟焉，之其所敖惰而辟焉。

Zhī qí suǒ āi jīn ér pì yān, zhī qí suǒ áo duò ér pì yān.

故好而知其恶，恶而知其美者，天下鲜矣。

Gù hào ér zhī qí è, wù ér zhī qí měi zhě, tiān xià xiǎn yǐ.

To manage family and clan well,

It is first to cultivate oneself.

Since people will prefer,

Those who are dear to their hearts.

They will hate those they detest,

And lean toward those they respect.

They will like those they sympathize with,

And prejudice those they despise.

Thus, few people can love someone,

But see also the faults in the person.

And disgust someone,

But see also the merits in the person.

故谚有之曰：

Gù yàn yǒu zhī yuē:

人莫知其子之恶，

Rén mò zhī qí zǐ zhī è,

莫知其苗之硕。

Mò zhī qí miáo zhī shuò.

此谓身不修不可以齐其家。

Cǐ wèi shēn bù xiū bù kě yǐ qí qí jiā.

There is a Chinese proverb that says:
"People tend not to know how bad their children are,
And they tend not to know how rich their crops are."
Thus, without self-cultivation,
People cannot manage their family well.

大学·第十章
Great Learning: Chapter 10

所谓治国必先齐其家者，

Suǒ wèi zhì guó bì xiān qí qí jiā zhě,

其家不可教，而能教人者，无之。

Qí jiā bù kě jiāo, ér néng jiāo rén zhě, wú zhī

故君子不出家而成教于国。

Gù jūn zǐ bù chū jiā ér chéng jiào yú guó.

孝者，所以事君也；

Xiào zhě, suǒ yǐ shì jūn yě;

悌者，所以事长也；

Tì zhě, suǒ yǐ shì zhǎng yě;

慈者，所以使众也。

Cí zhě, suǒ yǐ shǐ zhòng yě.

To govern the country well,

It is first to manage one's family and clan.

Since without disciplining one's family well,

They cannot discipline others.

So, the virtuous can be educated at home,

About governing the country.

Filial piety to one's parents,

Can be applied to serving the monarch.

Respect for elder siblings,

Can be applied to serving the ministers.

Love for one's children,

Can be applied to managing the people.

《康诰》曰：如保赤子。

"Kāng gào" yuē: Rú bǎo chì zǐ.

心诚求之，虽不中，不远矣。

Xīn chéng qiú zhī, suī bú zhòng, bù yuǎn yǐ.

未有学养子而后嫁者也。

Wèi yǒu xué yǎng zǐ ér hòu jià zhě yě.

一家仁，一国兴仁；

Yì jiā rén, yì guó xīng rén;

一家让，一国兴让；

Yì jiā ràng, yì guó xīng ràng;

一人贪戾，一国作乱，其机如此。

Yì rén tān lì, yì guó zuò luàn, qí jī rú cǐ.

此谓一言偾事，一人定国。

Cǐ wèi yì yán fèn shì, yì rén dìng guó.

The Book of Documents' Kang Gao Chapter says:

"It is like caring for a baby.

Pursue something sincerely in one's heart,

Even if one fails to achieve the goal,

It will not be too far from it."

No one has ever learned

How to raise children before marriage.

When a family is benevolent,

Benevolence will arise in the country.

When a family is courteous,

Courtesy will also arise in the country.

When a person is greedy,

The country is in chaos.

The link is so close.

Thus, one word can fail things,

And one person can stabilize a country.

君子有诸己而后求诸人，

Jūn zǐ yǒu zhū jǐ ér hòu qiú zhū rén,

无诸己而后非诸人。

Wú zhū jǐ ér hòu fēi zhū rén.

所藏乎身不恕，

Suǒ cáng hū shēn bú shù,

而能喻诸人者，

Ér néng yù zhū rén zhě,

未之有也。

Wèi zhī yǒu yě.

故治国在齐其家。

Gù zhì guó zài qí qí jiā.

The virtuous always do something first,

Then they ask others to do it.

They abandon something first,

Then they ban others from doing it.

It is impossible for others to know,

What is in one's heart without revealing it.

Thus, to govern the country,

One must first manage their family and clan well.

《诗》云：其仪不忒，正是四国。

"Shī" yún: Qí yí bú tè, zhèng shì sì guó.

其为父子兄弟足法，

Qí wéi fù zǐ xiōng dì zú fǎ,

而后民法之也。

Ér hòu mín fǎ zhī yě.

此谓治国在齐其家。

Cǐ wèi zhì guó zài qí qí jiā.

The Classic of Poetry says:

"When one's appearance is solemn,

They can become an exemplar,

In the surrounding countries."

Only when one is worthy of imitation,

Whether as a father, son,

Elder brother, or younger brother,

People will follow his example.

Thus, to govern the country well,

One must first manage their family and clan well.

大学•第十一章
Great Learning: Chapter 11

所谓平天下在治其国者，

Suǒ wèi píng tiān xià zài zhì qí guó zhě,

上老老而民兴孝，

Shàng lǎo lǎo ér mín xīng xiào,

上长长而民兴悌，

Shàng zhǎng zhǎng ér mín xīng tì

上恤孤而民不倍，

Shàng xù gū ér mín bú bèi,

是以君子有絜矩之道也。

Shì yǐ jūn zǐ yǒu xié jǔ zhī dào yě.

To pacify the world,

It is first to govern one's own country well.

When the superiors respect the elderly,

The commoners will be filial to their parents.

When the superiors respect the seniors,

The commoners will respect their elder siblings.

When the superiors offer compassion to orphans,

The commoners will do the same.

Thus, the virtuous always set examples

And promote their own integrity to others.

所恶于上，毋以使下；

Suǒ wù yú shàng, wú yǐ shǐ xià;

所恶于下，毋以事上；

Suǒ wù yú xià, wú yǐ shì shàng;

所恶于前，毋以先后；

Suǒ wù yú qián, wú yǐ xiān hòu;

所恶于后，毋以从前；

Suǒ wù yú hòu, wú yǐ cóng qián;

所恶于右，毋以交于左；

Suǒ wù yú yòu, wú yǐ jiāo yú zuǒ;

所恶于左，毋以交于右；

Suǒ wù yú zuǒ, wú yǐ jiāo yú yòu;

此之谓絜矩之道。

Cǐ zhī wèi xié jǔ zhī dào.

If one dislikes a certain behavior of the boss,

Don't do it to the subordinates.

If one dislikes a certain behavior of the subordinates,

Don't do it to the boss.

If one dislikes the behavior of the person in the front,

Don't do it to the person at the back.

If one dislikes the behavior of the person at the back,

Don't do it to the person in the front.

If one dislikes the behavior of the person on the right,

Don't do it to the person on the left.

If one dislikes the behavior of the person on the left,

Don't do it to the person on the right.

This is called setting a good example,

And promoting one's integrity to others.

道得众则得国，失众则失国。

Dào dé zhòng zé dé guó, shī zhòng zé shī guó.

是故君子先慎乎德。

Shì gù jūn zǐ xiān shèn hū dé.

有德此有人，有人此有土，

Yǒu dé cǐ yǒu rén, yǒu rén cǐ yǒu tǔ,

有土此有财，有财此有用。

Yǒu tǔ cǐ yǒu cái, yǒu cái cǐ yǒu yòng.

Gaining the support of people, one will gain the country.

Losing the support of people, one will lose the country.

So, the virtuous first pay attention to self-cultivation.

Only the virtuous will be supported,

And only the supported will own land.

Only the landowners will have wealth,

And only the wealthy can be useful.

德者本也，财者末也。

Dé zhě běn yě, cái zhě mò yě.

外本内末，争民施夺。

Wài běn nèi mò, zhēng mín shī duó.

财聚则民散，财散则民聚。

Cái jù zé mín sàn, cái sàn zé mín jù.

言悖而出者，亦悖而入；

Yán bèi ér chū zhě, yì bèi ér rù;

货悖而入者，亦悖而出。

Huò bèi ér rù zhě, yì bèi ér chū.

Virtue is the roots,

Wealth is the branches.

If mistaking the roots as the external,

And the branches as the internal,

People will compete for profits.

If the monarch collects wealth, people will scatter.

If the monarch distributes wealth, people will gather.

If one asks unreasonable questions,

Others will respond with unreasonable answers.

If the goods are obtained in an improper way,

Those will be taken away in an improper way.

《康诰》曰：惟命不于常。

"Kāng gào" yuē: Wéi mìng bù yú cháng.

道善则得之，不善则失之矣。

Dào shàn zé dé zhī, bú shàn zé shī zhī yǐ.

《楚书》曰：楚国无以为宝，惟善以为宝。

"Chǔ shū" yuē: Chǔ guó wú yǐ wéi bǎo, wéi shàn yǐ wéi bǎo.

舅犯曰：亡人无以为宝，仁亲以为宝。

Jiù fàn yuē: Wáng rén wú yǐ wéi bǎo, rén qīn yǐ wéi bǎo.

The Book of Documents' Kang Gao Chapter says:

"One's destiny will not be constant."

They will gain their destiny when doing good,

They will lose their destiny when doing evil.

The Book of Chu says:

"The State of Chu has no treasure,

But only treasures kindness."

Uncle Fan (Hu Yan, ? – 629 BCE) said:

"I am a fugitive who does not value treasure,

But compassion."

《秦誓》曰：若有一介臣，断断兮无他技，

"Qín shì" yuē: Ruò yǒu yí jiè chén, duàn duàn xī wú tā jì,

其心休休焉，其如有容焉。

Qí xīn xiū xiū yān, qí rú yǒu róng yān.

人之有技，若己有之；

Rén zhī yǒu jì, ruò jǐ yǒu zhī;

人之彦圣，其心好之，

Rén zhī yàn shèng, qí xīn hào zhī,

不啻若自其口出，实能容之。

Bú chì ruò zì qí kǒu chū, shí néng róng zhī.

以能保我子孙黎民，尚亦有利哉！

Yǐ néng bǎo wǒ zǐ sūn lí mín, shàng yì yǒu lì zāi!

The Qin Oath says:

If there is a minister who is sincere and loyal,

But he has no other skills.

He has a noble character, a generous heart,
And can tolerate things and people.
He praises the talents and abilities of others,
As if he had it himself.
He admires the kindness and virtues of others.
He not only recommends them verbally,
But he also accommodates them.
This person can protect my descendants,
And he benefits the country!

唯仁人放流之，

Wéi rén rén fàng liú zhī,

迸诸四夷，不与同中国。

Bèng zhū sì yí, bù yǔ tóng zhōng guó.

此谓唯仁人为能爱人，能恶人。

Cǐ wèi wéi rén rén wéi néng ài rén, néng wù rén.

Only a benevolent monarch can exile bad people,
Deport them to the four barbarians,
Forbid them to live in the country.
Only the benevolent know whom to love or hate.

见贤而不能举，举而不能先，命也；

Jiàn xián ér bù néng jǔ, jǔ ér bù néng xiān, mìng yě;

见不善而不能退，退而不能远，过也。

Jiàn bú shàn ér bù néng tuì, tuì ér bù néng yuǎn, guò yě.

好人之所恶，恶人之所好，

Hào rén zhī suǒ wù, wù rén zhī suǒ hào,

是谓拂人之性，灾必逮夫身。

Shì wèi fú rén zhī xìng, zāi bì dài fū shēn.

Seeing the virtuous and talented,
But do not recommend them,
Or recommend them,
But do not use them.
This is a doomed destiny.
Seeing the villainous and untalented,
But do not dismiss them,
Or dismiss them,
But do not exile them.
This is a mistake.
Love what others hate,
And hate what others love.
This is against human nature,
Calamities are bound to fall on them.

君子有大道，

Jūn zǐ yǒu dà dào,

必忠信以得之，

Bì zhōng xìn yǐ dé zhī,

骄泰以失之。

Jiāo tài yǐ shī zhī.

Those who were monarchs had great principles:

Being loyal and trustworthy,

It would win people's hearts.

Being arrogant and extravagant,

It would lose people's hearts.

生财有大道，生之者众，食之者寡，

Shēng cái yǒu dà dào, shēng zhī zhě zhòng, shí zhī zhě guǎ,

为之者疾，用之者舒，则财恒足矣。

Wéi zhī zhě jí, yòng zhī zhě shū, zé cái héng zú yǐ.

仁者以财发身，不仁者以身发财。

Rén zhě yǐ cái fā shēn, bù rén zhě yǐ shēn fā cái.

未有上好仁而下不好义者也，

Wèi yǒu shàng hào rén ér xià bú hào yì zhě yě,

未有好义其事不终者也，

Wèi yǒu hào yì qí shì bù zhōng zhě yě,

未有府库财非其财者也。

Wèi yǒu fǔ kù cái fēi qí cái zhě yě.

A great way to generate wealth,

It is to have many people produce it,

But few people consume it.

The producers work hard, the consumers save,

And wealth will always be abundant.

The benevolent spend wealth for their self-cultivation.

The unbenevolent create wealth at the cost of their lives.

There are no superiors who love benevolence,

But the subordinates hate righteousness.

No one loves righteousness but does things halfway.

No property in the treasury,

That does not belong to the government.

国不以利为利，以义为利也。

Guó bù yǐ lì wéi lì, yǐ yì wéi lì yě.

长国家而务财用者，必自小人矣。

Zhǎng guó jiā ér wù cái yòng zhě, bì zì xiǎo rén yǐ.

彼为善之，小人之使为国家，灾害并至。

Bǐ wéi shàn zhī, xiǎo rén zhī shǐ wéi guó jiā, zāi hài bìng zhì.

虽有善者，亦无如之何矣！

Suī yǒu shàn zhě, yì wú rú zhī hé yǐ!

此谓国不以利为利，以义为利也。

Cǐ wèi guó bù yǐ lì wéi lì, yǐ yì wéi lì yě.

A country should not take wealth,

As its primary interest,

But benevolence and righteousness.

A monarch who still focuses on amassing wealth,

He must be induced by the villainous.

A monarch who thinks villainous are good people,

And let them handle state affairs,

Calamities and disasters will fall in the country.

Although there are virtuous people,

There will be no way to save the country!

So, a country should not take wealth,

As its primary interest,

But benevolence and righteousness.

www.ingramcontent.com/pod-product-compliance
Lightning Source LLC
Chambersburg PA
CBHW081356070526
44583CB00020B/2577